U0497876

智慧物流
与供应链基础

王　茜　钟　惺　张卫林◎主编

▲

西南财经大学出版社

中国·成都

图书在版编目(CIP)数据

智慧物流与供应链基础/王茜,钟惺,张卫林主编.—成都:西南财经大学出版社,2023.4(2024.8 重印)
ISBN 978-7-5504-5727-0

Ⅰ.①智…　Ⅱ.①王…②钟…③张…　Ⅲ.①智能技术—应用—物流管理②智能技术—应用—供应链管理　Ⅳ.①F252.1-39

中国国家版本馆 CIP 数据核字(2023)第 049476 号

智慧物流与供应链基础

ZHIHUI WULIU YU GONGYINGLIAN JICHU

王　茜　钟　惺　张卫林　主编

策划编辑:乔　雷
责任编辑:高小田
责任校对:雷　静
封面设计:墨创文化
责任印制:朱曼丽

出版发行	西南财经大学出版社(四川省成都市光华村街 55 号)
网　　址	http://cbs.swufe.edu.cn
电子邮件	bookcj@swufe.edu.cn
邮政编码	610074
电　　话	028-87353785
照　　排	四川胜翔数码印务设计有限公司
印　　刷	四川煤田地质制图印务有限责任公司
成品尺寸	185 mm×260 mm
印　　张	8.75
字　　数	152 千字
版　　次	2023 年 4 月第 1 版
印　　次	2024 年 8 月第 2 次印刷
书　　号	ISBN 978-7-5504-5727-0
定　　价	48.00 元

前言

　　智慧物流是指通过智能软硬件、物联网、大数据等智慧化技术手段，实现物流各环节精细化、动态化、可视化管理，提高物流系统智能化分析决策和自动化操作执行能力，提升物流运作效率的现代化物流模式。

　　智慧物流是一种以信息技术为支撑的现代化的综合性物流管理系统，它不是只满足于传统物流对物流信息的被动感知，而是通过智能化收集、集成、处理物流的采购、运输、包装、装卸搬运、流通加工、配送、信息服务等各个环节的信息，实现全面的分析，及时处理及自我调整。

　　随着物流业的智慧化发展，物流行业对人才的需求发生了很大的变化，对从业人员的综合素质和持续学习能力要求越来越高。因此本课程在设计的时候参考了成都工业职业技术学院、四川工业科技学院、四川邮电职业技术学院等学校的"中职生高职单招现代物流管理专业职业技能测试大纲"，同时严格执行中等职业学校物流服务与管理专业教学标准（试行）。

　　"智慧物流与供应链基础"是物流服务与管理专业的专业基础课程，在设计思路上借鉴了中职公共基础课程的设计思路，按照模块化设计，重在培养中职学生对物流专业基础知识的识、记、思、辨、析和应用能力。每个模块以任务驱动的方式达到教学目标，能为后续的专业核心课程学习和升学打好基础。

目录 CONTENTS

课程定位

"智慧物流与供应链基础"这门课程面向运输服务与管理、仓储服务与管理、商务服务等岗位（群），旨在培养德智体美劳全面发展，掌握扎实的科学文化基础和物流的基本功能、业务流程等知识，具备运输调度、仓储运营、设备运维等能力，具有工匠精神和信息素养，能够从事运输服务、仓配管理、货运代理及客户服务等工作的技术技能人才。

"智慧物流与供应链基础"是物流服务与管理专业的一门专业基础课程，总学时72课时，开设于一年级第一学期。

课程概述

本课程从物流的基本概念和发展历程引入现代物流概念，帮助学生认识现代物流技术对当今社会的生产、生活的重要作用，理解物流的基本概念、类型、特征，几种典型的物流活动、工作流程及基本功能，认识到信息技术对物流行业的重要性和物流行业的未来发展方向——供应链的基本概念和基本内容，为后续专业核心课程的学习打下牢固的基础。在学生学习的过程中培养其独立思考和主动探究能力，不断强化认知、合作、创新能力，为职业能力的提升奠定基础。

课程特色

本课程立足专业基础的特性，遵循中等职业学校学生的认知规律，以模块化设计教学内容，每个模块都体现了学生识记—思辨—应用的层层递进教学模式，并且兼顾了部分高校的单招考试大纲，为后续专业课程的开展和学生升学打好基础。

学习目标

1. 能够正确阐述现代物流的概念、属性、特点和类型。
2. 了解物流发展的历程、中国物流业诞生的标志、中国物流业发展的现状及发展趋势。

3. 了解典型物流作业的基本要素、工作流程及基本功能。

4. 认识典型物流活动及物流企业的业务流程及特点。

5. 熟悉物流信息技术的应用。

6. 认识供应链管理的基本概念和内容。

7. 具有诚实守信的职业道德和信息技术安全意识，遵守物流管理的相关制度和法律法规。

8. 具有适应产业数字化发展需求的基本数字技能和专业信息技术能力。

9. 具有良好的表达沟通能力、团队合作精神、创新精神和创业意识。

10. 具有终身学习和可持续发展的能力。

模块一

走进智慧物流

"物流"（physical distribution，PD）（亦称为配送）一词最早出现于美国，1915 年阿奇·萧在《市场流通中的若干问题》中提到"物流"一词，被称为物流的萌芽。第二次世界大战期间美国军队围绕战争供应建立了"后勤"（logistics）理论，将战时物资生产、运输、配给等活动作为一个整体进行统一布置，以达到战略物资补给的费用低、速度快等要求，物流概念由此产生。

20 世纪 50—80 年代，发达国家的企业为了追求利润将竞争焦点放在产品质量上，各企业千方百计降低生产成本、提高产品质量以提高市场竞争力，此时企业管理者将物流概念引入生产领域，开始注重生产领域内的物流业发展。

从 20 世纪 80 年代开始，竞争焦点逐渐转向非生产领域，从产品质量竞争转移到服务质量竞争上。如何降低物流系统的成本，提高效益与服务质量成为竞争的新焦点，物流管理因此产生，并且物流战略被视为获得市场优势的重要战略。

20 世纪 90 年代后，随着高新技术的发展和计算机信息网络的普及，传统物流业开始向现代物流业转变。综合物流发展包括运输合理化、仓储自动化、包装标准化、装卸机械化、加工配送一体化、信息管理网络化等。在经济全球化的发展趋势下，综合物流业越来越为人们所重视，并且其发展水平也成为衡量国家综合国力的重要标志之一。

任务一 了解物流的发展史

通过本任务的学习，达到以下学习目标（表 1-1）。

表 1-1 知识、能力、素养目标一览表

知识目标（认记）	能力目标（思辨）	素养目标（应用）
1. 了解国外和我国物流的发展史； 2. 能够分析我国现代物流业的发展趋势； 3. 熟悉智慧物流的特点	1. 能辨识国内外物流行业著名企业； 2. 能够撰写物流企业调研报告	1. 具有服务物流行业的职业信念和职业理想； 2. 具有团队协作意识； 3. 具备良好的沟通能力； 4. 具有信息技术素养

一、国内外物流的发展历史

（一）国外物流的发展历史

第一阶段：20世纪初，在北美和西欧一些国家，随着其工业化进程的加快以及规模化生产和大批量销售的实现，人们开始意识到降低物资采购成本及产品销售成本的重要性。

第二阶段：20世纪60年代以后，世界经济环境发生了深刻的变化。科学技术的发展，尤其是管理科学的进步、生产方式的改变，大大促进了物流的发展。物流管理逐渐为管理学界所重视，企业界也开始注意到物流在经济发展中的作用，将改进物流管理作为激发企业活力的重要手段。

第三阶段：20世纪80年代，这一时期物流管理的内容从企业内部延伸到企业外部，物流管理的重点已经转移到对物流的战略研究上。产业价值链成为这一时期企业管理的核心。企业开始超越现有的组织机构界限而注重外部关系，将供货商（提供成品或运输服务等）、分销商以及用户等纳入管理的范围，利用物流管理来建立和发展与供货厂商及用户的稳定、良好、双赢的合作伙伴式关系，促进商业生态体系的融合，共同维护产业价值链的稳定，以确立企业的竞争优势。

第四阶段：20世纪90年代以来，随着新经济和现代信息技术的迅速发展，现代物流的内容仍在不断丰富和发展。信息技术的进步，使人们更加认识到物流体系的重要性。

（二）我国物流的发展历史

1949年中华人民共和国成立至1978年，我国一直实行计划经济体制，产品的生产、运输、仓储、销售等都由国家控制，企业在物流过程中没有自主经营的空间，物资不能按市场规律有效流动，所以此阶段内我国经济领域中没有物流的概念，更缺乏有关物流理论的研究。1978年后，随着经济体制的改革和市场的开放，我国开始发展物流业。

20世纪90年代后期，随着我国经济体制改革的发展，企业产权关系日益明晰，生产、流通等企业开始认识到物流的重要性，国内开始出现了不同形式的物流企业。网络技术、电子商务等的发展对物流业发展提出了新的要求，加强了我国物流业与世界物流业的合作与交流，使我国物流业发展开始走向国际化、全球化。

（三）我国物流业发展的三次飞跃

第一次飞跃：中国物流与采购联合会的成立，物流基础工作的全面展开。

第二次飞跃：加入世界贸易组织（WTO），对中国物流业的全面冲击。

第三次飞跃："十一五"规划，物流产业地位的全方位确立。

同时，我国物流发展经过三次飞跃迅速发展的同时，需要跨过三道门槛：

第一道门槛：第二产业的"第三产业化"。第二产业的"第三产业化"是指制造业和服务业的同步发展，制造业第一步解决后勤的社会化，第二步解决服务业的专业化，第二产业内的服务业从制造业中加以分离。

第二道门槛：物流服务商的优化组合。

第三道门槛：体制性约束。目前物流发展中的体制性约束还很严重，例如物流市场化程度低，物流组织化程度低。

二、我国物流业的发展趋势

我国物流业的发展有如下趋势：

1. 电子物流不断扩大

电子商务的迅速发展促使物流业迅速发展。

2. 物流企业向集约化与协同化发展

我国物流行业中的一些规模小、实力弱、能力差的企业，随着国内物流市场竞争的进一步加剧和国际知名跨国综合物流企业大量进入我国，通过优胜劣汰或重组、资本扩张、收购、兼并、流程再造等形式，实现物流企业的专业化和规模化，发挥整体优势和互补优势，提高核心竞争力。

3. 大力发展第三方物流服务

采用第三方物流服务可为公司带来以下好处：

➢降低物流成本

➢集中精力，强化主业

➢缩短出货和交货时间

➢提高车辆效率和降低消耗

➢彻底实施品质管理

➢不必因旺季人手不够而招聘

4. 物流信息化快速发展

现代物流与传统物流的最大区别是：现代物流以信息技术为基础，没有信息化，就没有现代物流的发展。传统物流与现代物流的区别如图1-1所示。

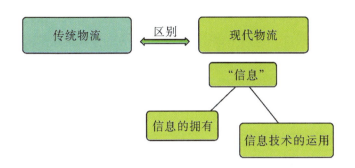

图 1-1　传统物流与现代物流的区别

5. 绿色物流的进程进一步加快

物流活动虽然促进了社会经济的发展，但也给城市环境带来了不利的影响，如噪声、污染排放、交通阻塞等，以及生产及生活中的废弃物的处理不当对环境造成的影响。因此，绿色物流是物流业发展的必然趋势。

6. 加快物流人才的培养

我国的物流企业有相当一部分是由原来各系统行业，如外贸、供销、物资、粮食、商业等储运企业转型或转制而成的。由于历史的原因，很多企业员工年龄偏大，文化程度不高，近年虽招聘了不少高校、中专或技校毕业生，但总体上员工素质提高不快。因此，加快物流人才的培养势在必行。

7. 物联网得到日益广泛的应用

物联网是新一代信息技术的重要组成部分，其英文名称是"The internet of things"。由此，顾名思义，"物联网就是物物相连的互联网"。这有两层意思：第一，物联网的核心和基础仍然是互联网，是在互联网基础上延伸和扩展的网络；第二，其用户端延伸和扩展到了任何物品与物品之间，进行信息交换和通信。物联网通过智能感知、识别技术与普适计算在网络的融合应对，被称为继计算机、互联网之后世界信息产业发展的第三次浪潮。物联网是互联网的应用拓展，物联网不仅是网络，还是业务和应用。因此，应用创新是物联网发展的核心。

物联网有三种基本应用模式。

（1）对象的智能标签。通过二维码、射频识别（RFID）等技术标识特定的对象，用于区分对象个体，如各种智能卡、条码标签等。其基本用途就是用来获取对象的识别信息；此外通过智能标签还可以用于获得对象物品所包含的扩展信息，如智能卡上的余额，二维码中所包含的网址和名称等。

（2）环境监控和对象跟踪。利用多种类型的传感器和分布广泛的传感器网络，可以实现对某个对象的实时状态的获取和特定对象行为的监控，如使用分布在市区的各个噪声探头检测噪声污染，通过二氧化碳传感器监控大气中二氧化碳的浓度，通过全球定位系统（GPS）标签跟踪车辆位置，通过交通路口的摄像头捕捉实时交通流量等。

（3）对象的智能控制。物联网基于云计算平台和智能网络，可以依据传感器网络获取的数据进行决策，改变对象的行为进行控制和反馈。例如，根据光线的强弱调整路灯的亮度，根据车辆的流量自动调整红绿灯间隔等。

三、智慧物流的发展特点

智慧物流的发展具有如下特征：

1. 系统化

传统上讲，物流一般涉及产品出厂后的包装、运输、装卸、仓储，而智慧物流则向两头延伸并加进了新的内涵，使社会物流和企业物流有机地结合在一起。物流的系统化既可以形成一个高效、畅通、可调控的流通体系，也可以减少流通环节，节约流通费用，实现科学的物流管理，提高流通的效率和效益。

2. 信息化

物流的信息化是指商品代码和数据库的建立、运输网络合理化、销售网络合理化、物流中心管理电子化、电子商务和物品条码技术的应用等。物流的信息化可实现信息共享，使信息的传递更加方便、快捷、准确，从而提高整个物流系统的经济效益。

3. 网络化

物流网络化的基础也是信息化。这里所说的网络化有两层含义：一是指物流配送系统的计算机通信网络，主要指物流配送中心与供应商、制造商以及下游客户之间的联系，实现计算机网络化。二是指组织的网络化，主要包括企业内部组织的网络化和企业之间的网络化。

4. 自动化

自动化的基础是信息化，核心是机电一体化。自动化的外在表现是无人化，自动化的效果是省力化。另外，自动化还可以扩大物流作业能力，提高劳动生产率，减少物流作业的差错等。如条码射频自动识别技术与自动分拣系统、自动存取系统等。

5. 智能化

智能化是物流自动化、信息化的一种高层次应用。物流作业过程中大量的运筹和决策，如库存水平的确定、运输（搬运）路径的选择、自动导向车的运行轨迹和作业控制、自动分拣机的运行、物流配送中心经营管理的决策支持等问题都需要借助智能化专业系统来解决。物流的智能化已成为新经济时代物流发展的新趋势。

6. 柔性化

柔性化本来是为实现以顾客为中心的经营理念而在生产领域提出的，但要真正做到柔性化，即真正能根据消费者需求的变化来灵活调节生产工艺，没有配套的柔性化物流系统是不可能实现的。它要求物流配送中心要根据消费需求多品种、小批量、多批次、短周期的特色，灵活组织和实施物流作业。

7. 标准化

物流的标准化指的是以物流为一个大系统，制定系统内部设施、机械装备、专用工具等各个分系统的技术标准；制定系统内分领域，如包装、装卸、运输等方面的工作标准；以系统为出发点，研究各分系统与分领域中技术标准与工作标准的配合性，按配合要求统一整个物流系统的标准；研究物流系统与其他相关系统的配合性，进一步谋求物流大系统的标准统一。

8. 社会化

随着市场经济的发展，专业化分工越来越细，一个生产企业生产某种产品，除了一些主要部件自己生产外，大多外购。生产企业与零售商所需的原材料、中间产品、最终产品大部分由专门的第三方物流企业提供，以实现少库存或零库存。

9. 绿色化

经济的发展必须建立在维护地球环境的基础上，可持续发展政策也同样适用于物流管理活动，这就要求形成一种能促进经济健康发展的物流系统，即向绿色物流、循环型物流转变。所谓绿色物流，指为了实现顾客满意，连接绿色需求主体和绿色供给主体，克服空间和时间限制的有效、快速的绿色商品和服务的绿色经济管理活动过程。绿色物流从环境的角度对物流体系进行改进，形成了环境共生型的物流管理体系。

思辨分析

一、下面四个商标分别是哪家物流公司的？

联邦快递（FedEx）、敦豪航空货运公司（DHL）、联合包裹服务公司（UPS）、TNT快递公司（TNT Express）是四大国际物流巨头，其商标如图1-2所示。

图 1-2 四大国际物流巨头商标

1. 联邦快递（FedEx）

FedEx 是全球最大的快递公司，其向 215 个国家及地区提供快递运输服务，服务范围涵盖占全球国民生产总值 90% 的区域。FedEx 在全球拥有超过 136 000 名员工、49 929 个投递点、645 架飞机和 42 000 辆车辆，每个工作日运送的包裹超过 310 万个。

2. 敦豪航空货运公司（DHL）

DHL 是全球领先的物流公司，总部设在比利时的布鲁塞尔，是德国邮政全球网络旗下的知名品牌，其全球服务网络现已覆盖了 220 多个国家和地区。

3. 联合包裹服务公司（UPS）

UPS 总部位于美国佐治亚州亚特兰大，亚太地区总部设在新加坡。UPS 在全球共有 1 748 个分拨中心、370 000 多名雇员，能为全球 200 多个国家和地区提供快递服务。

4. TNT 快递公司（TNT Express）

TNT 成立于 1946 年，公司总部设在荷兰的阿姆斯特丹。其在全球 200 多个国家和地区拥有近 2 600 个运营中心、转运枢纽和分拣中心，平均每周在全球递送 470 万个包裹、文件和货件。TNT 在欧洲、中国、南美、亚太和中东地区建设了航空和公路运输网络，拥有 50 架飞机和 300 辆公路运输车辆。

二、下图（图 1-3）四个商标分别是哪家物流公司的？

中国邮政速递物流公司（EMS）、顺丰速运、圆通速递、中通快递是我国业务量比较大的快递公司。

图 1-3 中国快递公司商标

1. 中国邮政速递物流公司

中国邮政速递物流公司是中国邮政集团公司直属全资公司，主要经营国际、国内特快专递服务，是目前中国速递行业的最大运营商和领导者。公司拥有员工 20 000 人，中国邮政速递物流公司业务通达全球 200 多个国家和地区，以及国内近 2 000 个城市。

2. 顺丰速运

顺丰速运成立于 1993 年，总部设在深圳，是一家主营国内、国际快递及相关业务的服务型企业。现在公司的服务网络已覆盖了中国内地（大陆）、香港、台湾的主要城市。此外，顺丰于 2010 年在新加坡设立直营网点，2011 年又在韩国、马来西亚设立直营网点，其服务网络逐渐延伸至海外。

3. 圆通速递

圆通速递成立于 2000 年 5 月 28 日，是国内知名快递公司，目前圆通已在全国建立了 8 个管理区、56 个转运中心、5 000 多个配送网点，服务范围覆盖国内 1 300 多个城市，此外圆通还在香港建设服务网络，并以此为平台，大力进军国际快递市场。

4. 中通快递

中通快递成立于 1993 年，现已成为国内速递领域颇具影响力的民营企业之一。目前，公司共有 5 000 余家服务网点及门店、62 个中转部。

应用拓展

对当地三家以上物流企业进行调研，了解现代物流行业的发展状况，并进行分析，最后形成调研报告。以小组为单位，制作 PPT 展示。

任务二　知悉物流的效用

通过本任务的学习，达到以下学习目标（表 1-2）。

表 1-2　知识、能力、素养目标一览表

知识目标（认记）	能力目标（思辨）	素养目标（应用）
1. 认识物流活动； 2. 了解物流在经济活动中的作用； 3. 理解物流活动是如何创造价值的	1. 能够描述物流活动在社会经济中的作用； 2. 能够描述物流活动创造的效用	1. 具备分析物流活动的能力； 2. 具有团队协作意识； 3. 具备良好的沟通能力

一、初步认识物流

（一）物流的基本概念

国家标准《物流术语》对物流的定义是：物流就是物品从供应地向接收地的实体流动过程。根据实际需要，将运输、储存、装卸、搬运、包装、流通加工、配送和信息处理等基本功能有机结合。

本书对这个定义的理解包含以下四个方面：

（1）物流由"物"和"流"两个基本要素组成。

（2）物流不是简单的"物"和"流"的组合，而是特指物质资料从供应者到需求者的物理性运动，这种运动能创造时间效用、场所效用和流通加工附加效用。

（3）物流是为了满足社会需求的活动，是一种经济活动。

（4）物流具有普遍性。

（二）物流成为"第三利润源"

"第一利润源"——资源领域。人类最初是靠对廉价原材料、燃料的掠夺性开采和利用获得利润，其后是依靠科技进步，减少物质资源消耗、综合利用乃至大量人工合成资源来获得高额利润。这种降低物质资源消耗获得利润的方式以先进的科学技术为条件。因此，通过进一步开发"第一利润源"获得利润的方式，受到了科学技术发展程度的限制。

"第二利润源"——人力领域。人力领域的利润最初是靠廉价劳动，其后是依靠科技进步提高劳动生产率，降低人力消耗，或采用机械化、自动化的设备来降低劳动耗用，从而降低成本，增加利润，形成"第二利润源"。

"第三利润源"——物流领域。在前两个利润源潜力越来越小的情况下，物流领域的潜力逐渐被人重视。物流继降低物质消耗、提高劳动生产率之后，成为企业获得利润的"第三利润源"。通过物流的合理化降低物流成本，已经成为企业提高竞争力的重要手段。

（三）生活中的物流

可以想象一下，如果没有物流活动，人们的生活会是什么样子：没有物流，城市里就没有粮食、蔬菜；没有物流，乡村就没有衣服、日用品；没有物流，城市里造房子用的砖、钢材、水泥就无法运达。可以说，人们的衣食住行都离不开物流所提供的服务。

例如，水果从生产地到消费地的物流过程。从生产地到消费地，水果的物流经过了运输、装卸、储存、搬运等环节，有些超市的水果还要经过包装、流通加工、配送等环节，有些大型果品批发市场的水果物流还要经过信息处理等环节。

二、物流在社会经济中的作用

当提到物流的话题时，常常与商流、资金流和信息流联系在一起，因为商流、信息流、资金流和物流是流通过程的四大组成部分，在社会经济活动中起着重要的作用，见图1-4。

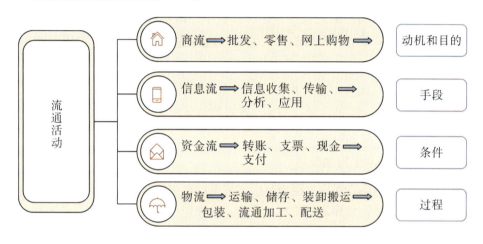

图1-4　物流在社会经济活动中的作用

三、物流活动创造的效用

物流活动在社会经济活动中起着不可缺少的作用，是因为它在物资流转、运动过程中创造了多种效用。

（一）空间效用

物从供应者到需求者之间有一段空间差，改变这场所的差别创造的价值叫作"空间效用"。例如，东北的大米顺利被端上南方的餐桌，由产地到销地的转移，使商品因不同的地理位置有不同的价值，一般由低价值区转到高价值区，便可获得价值差，即空间效用。空间效用有以下三种形式：

（1）从集中生产场所流入分散需求场所创造效用。

（2）从分散生产场所流入集中需求场所创造效用。

（3）从生产的甲地流入需求的乙地创造场所效用。

（二）时间效用

物从供应者到需求者之间有一段时间差，改变这时间差创造的效用叫作"时间效用"，即通过商品流通过程中的劳动克服了商品生产和消费时间上的不一致而创造的效益。例如，粮食的种植和收获是有季节性的，但对消费者而言，粮食作为食品，每天都要被消耗，必须进行必要的储存以保证经常的需要以实现其使用价值，这就是物流创造的时间效用。

时间效用通过物流活动获得的形式有以下三种：

（1）缩短时间创造效用。物流着重研究的一个课题就是如何采取技术的、管理的、系统的方法来尽量缩短物流的宏观时间和有针对性地缩短微观物流时间，从而取得较高的时间效用。

（2）弥补时间差创造效用。经济社会中，需要和供应普遍地存在着时间差，物流以科学的、系统的方法弥补和改变这种时间差，以实现其"时间效用"。

（3）增加时间差创造效用。在某些具体物流活动中，存在人为地延长物流时间来创造效用的现象，例如，配合待机销售的物流便是通过有意识地延长物流时间、增加时间差来创造效用的。

（三）流通加工附加效用

物流可以创造流通加工附加效用。物流行业根据自己的优势从事一定的补充性加工活动，也称为流通加工活动。这种加工活动不是创造商品主要实体，形成商品主要功能和使用价值，而是带有完善、补充、增加性的加工活动，这种活动必然会形成劳动对象的附加效用。

思辨分析

试分析下面案例中描述的是物流的哪个功能。

阿迪达斯公司在美国有一家超级市场，设立了组合式鞋店，摆放着做鞋用的半成品，款式花色多样，有6种鞋跟、8种鞋底，均为塑料制品。鞋面的颜色以黑、白为主，鞋带的颜色有80种，款式有百余种，顾客进来可任意挑选自己所喜欢的各个部位，交给职员当场进行组合。只要10分钟，一双崭新的鞋就大功告成了。这家鞋店昼夜营业，职员技术熟练，鞋子的售价与成批制造的价格差不多，有的还稍便宜些，所以顾客络绎不绝，销售金额比邻近的鞋店高十倍。

资料来源：百度文库。

任务三　识别物流的类型

通过本任务的学习，达到以下学习目标（表1-3）。

表1-3　知识、能力、素养目标一览表

知识目标（认记）	能力目标（思辨）	素养目标（应用）
1. 认识物流的分类方法； 2. 理解不同类型的物流含义	能够区分不同类型的物流	1. 具备分析物流类型的能力； 2. 具备良好的沟通能力

物流按照不同的标准，有不同的分类方法，通常情况下有如下几种分类方法：

一、按物流在社会再生产中的作用分类

（一）宏观物流

宏观物流是指社会再生产总体的物流活动，是从社会再生产总体角度认识研究的物流活动。因此，在人们常提到的物流活动中，社会物流、国民经济物流、国际物流都属于宏观物流。

（二）微观物流

在一个小地域空间范围内发生的具体物流活动属于微观物流，在整个物流活动中，其中一个局部、一个环节的具体物流活动也属于微观物流。因此，消费者、生产企业所从事的实际的、具体的物流活动都属于微观物流，如运输活动、储存活动等。

二、按物流活动的地域范围分类

（一）国际物流

国际物流是指在两个或两个以上国家（或地区）之间所进行的物流。它伴随着国际经济交流、贸易活动和其他国际交流所发生的物流活动。

（二）国内物流

国内物流是指在一国范围内开展的物流活动。国内物流作为国民经济的一个重要方面，应该纳入国家总体规划的内容，我国的物流事业是国家现代化建设的重要组成部分。

（三）区域物流

区域物流是指在特定的范围内的物流活动，它有着不同的划分原则。区域物流主要由区域物流网络体系、区域物流信息支撑体系和区域物流组织运作体系组成。

三、按物流活动的过程分类

（一）供应物流

为企业生产或经营提供原材料、零部件或经营商品时，物品在提供者与需求者之间的实体流动称为供应物流。对于工厂而言，是指生产活动所需要的原材料、半成品等物资的采购、供应活动所产生的物流；对于流通企业而言，是指交易活动中，工厂与经销商的交易行为所发生的物流。

（二）生产物流

生产过程中，原材料、在制品、半成品、产成品等在企业内部的实体流动称为生产物流。生产物流是制造产品的工厂所特有的。例如，原材料、零部件、燃料等辅助材料从企业仓库和企业的"门口"开始，进入生产线开始端，再进一步随生产加工过程各个环节运动，在运动过程中，本身被加工，同时产生一些废料、余料，直到生产加工终结，再运送至成品仓库便终结了企业生产物流过程。

（三）销售物流

销售物流是指生产企业、流通企业出售商品时，物品在供方与需方之间的实体流动，所以，又被称为企业销售物流，是企业为保证本身的经营利益，不断伴随销售活动，将产品所有权转给用户的物流活动。

（四）回收物流

回收物流指不合格物品的返修、退货以及周转使用的包装容器从需方返回到供方所形成的物品实体流动。例如，企业在生产、供应、销售的活动中总会产生各种边角余料和废料，这些材料的回收是需要伴随物流活动的。

（五）废弃物物流

废弃物物流指将经济活动中失去原有使用价值的物品，根据实际需要进行收集、分类、加工、包装、搬运、储存等，并分送到专门处理场所时所形成的物品实体流动。

思辨分析

试分析：供应物流、生产物流与销售物流三者之间的联系。

任务四 了解智慧物流系统

通过本任务的学习，达到以下学习目标（表 1-4）。

表 1-4 知识、能力、素养目标一览表

知识目标（认记）	能力目标（思辨）	素养目标（应用）
1. 认识物流系统； 2. 了解物流系统的作用； 3. 了解发展智慧物流的价值和意义	1. 能够描述物流系统的构成要素； 2. 能够撰写分析报告	1. 树立服务物流行业的职业理想和信念； 2. 具有团队协作意识； 3. 具备良好的沟通能力

一、物流系统的概念

物流系统是指由两个或两个以上的物流功能单元构成，以完成物流服务为目的的有机集合体。即在一定的时间和空间里，由所需输送的物料和包括有关设备、输送工具、仓储设备、人员以及通信联系等若干相互制约的动态要素构成的具有特定功能的有机整体。

二、物流系统的作用

物流系统以实现空间的经济效益为目的，其基本功能是将输入、传送、储存、搬运、装卸、包装、物流情报、流通加工等环节所消耗的劳务、设备、材料等资源，经过处理转化，变成全系统的输出，即物流服务。物流系统的基本作用就是按照市场的需要保证商品供应，总结为以下几点：

（1）在交货期内准确地向顾客配送商品。

（2）对顾客的订货要尽量满足，不能使商品脱销。

（3）适当地配置仓库、配送中心，维持商品的适当库存量，使运输、装卸、保管等作业合理化。

（4）维持适当的物流费用。

（5）使从订货到发货的信息畅通无阻。

（6）把市场营销信息迅速地反馈给采购、生产和营业部门。

三、物流系统构成要素

（一）物流系统的一般要素

物流系统的一般要素即物流系统的基本要素，包括劳动力要素、资金要素、物的要素。劳动力要素是核心要素，或称第一要素。实现物流交换的过程，实际上也是资金流动的过程，同时物流系统的建设也需要大量的资金投入。物的要素既包括物流系统的劳动对象，也包括劳动工具、劳动手段和各种消耗材料。

（二）物流系统的功能要素

物流系统的功能要素是指物流系统所具有的基本能力，这些能力的有效组合与连接，形成了物流的总功能，合理、有效地达到物流系统的总目的。

物流系统包括包装、装卸、搬运、储存、运输、流通加工、配送和信息处理等功能。

（三）物流系统的物质基础要素

物流系统的建立和运行，需要大量技术装备手段，这些手段的有机联系对物流系统的运行有着决定性意义，这就是物流系统的物质基础要素。这些要素主要有物流设施、物流装备、物流工具、信息技术、网络组织与网络管理等，如图 1-5 所示。

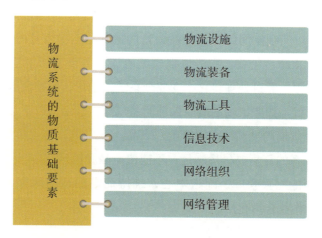

图 1-5　物流系统的物质基础要素

（四）物流系统的支持要素

物流系统的支持要素主要包括物流设施、法律法规、行政命令和标准化系统。支持要素之所以重要，是因为在复杂的社会经济系统中，要确定物流系统的地位，要协调与其他系统的关系，就需要许多支撑。物流系统的支持要素如图1-6所示。

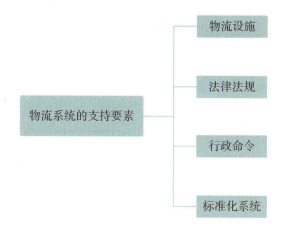

图1-6 物流系统的支撑要素

四、发展智慧物流系统的价值和意义

发展智慧物流系统的价值和意义如下：

➤服务性。在为用户服务方面要求做到无缺货、无货物损坏和丢失等，且费用便宜。

➤快捷性。要求把货物按照用户指定地点和时间迅速送到。

➤有效地利用面积和空间。特别是对城市市区面积的有效利用必须加以充分考虑。应逐步发展立体化设施和有关物流机械，求得空间的有效利用。

➤规模适当化。应当考虑物流设施集中与分散的问题是否适当，机械化与自动化程度如何合理利用以及情报系统的集中化所要求的电子计算机等设备的合理利用等。

➤库存控制。库存过多则需要更多的保管场所，而且会产生库存资金积压，造成浪费。因此，必须按照生产与流通的需求变化对库存进行控制。

应用拓展

同学们跟老师一起考察学校周边具有规模的物流企业，对它们的物流系统进行分析。

任务五　认识物流行业

通过本任务的学习，达到以下学习目标（表1-5）。

表1-5　知识、能力、素养目标一览表

知识目标（认记）	能力目标（思辨）	素养目标（应用）
1. 认识物流行业的性质； 2. 认识现代物流行业的主体构成	1. 能够区分物流行业的不同主体； 2. 能够划分不同类型的物流主体	1. 树立服务物流行业的职业理想和信念； 2. 具有团队协作意识； 3. 具备良好的沟通能力； 4. 具备科学的分析能力

一、现代物流行业的基本性质

1. 物流行业是国民经济的基础产业和支柱产业

物流行业通过输送各种物品，使生产者获得原材料、燃料、零配件，以保证生产过程的正常进行，又将产品运送给不同需求者，使这些需求者的生产、生活得以正常进行。

2. 物流行业是生产性服务业

物流活动是生产活动的组成部分，是生产过程在流通领域的继续，这是物流产业的生产性。物流产业以生产制造、流通、居民消费等产业为服务对象，它本身并不提供物质产品，而是为顾客提供专业化服务。

二、现代物流行业的主体构成

物流行业的主体主要有交通运输业、储运业、货代业、第三方物流等，其中，第三方物流是社会化分工和现代物流发展的方向。物流行业主体具体包括：

1. 铁路货运业

铁路货运业包括与铁路运送有关的装卸、储运、搬运等，在物流概念中属于运输范畴的活动。铁路货运业从事的业务有整车运输业务、集装箱运输业务、混载货物运输业务和行李货物运输业务四类。

2. 汽车货运业

在我国，汽车货运业有特殊汽车货运和一般汽车货运两种。特殊汽车货运是专运长、大、重或危险品、特殊物品的汽车货运业，一般汽车货运业主要从事普通货物的长途或区域内货运。汽车货运业在许多领域附属在其他行业之下而不自成行业或不独立核算。

3. 远洋货运业

远洋货运业是指从事海上长途货物运输的海洋运输业，它的业务活动以船舶运输为中心，包含港湾装卸和运输、保管等。

4. 沿海船运业

沿海船运业主要从事近海沿海的海运。

5. 内河船运业

内河船运业是在内河水道从事船舶货运的行业。海运、沿海船运及内河船运三种运输形态使用的船舶吨位、技术性能、管理方式都有所区别，因而各自形成独立的行业。

6. 航空货运业

航空货运业又可分为航空货运业和航空货运代理业，前者直接受货运委托，后者是中间人，受货主委托，代办航空货运。航空货运业的主要业务有国际航空货运、国内航空货运、快运、包机运输等。

7. 集装箱联运业

集装箱联运业专门办理集装箱联运业务，可以为货主完成各种运输方式的联合运输，并组织集装箱"门到门"运输、集装箱回运等业务。

8. 仓库业

仓库业是以出租仓库货位或全部仓库用于存货为主体的行业，包括代存、代储、自营仓储。

9. 储运业

储运业是以储存为主体的兼有多种职能、包含某些和储存联系密切的运输的行业。我国储运业有五大类，即军队储运业、物资储运业、粮食储运业、商业储运业及乡镇储运业。

10. 托运业

托运业代办各种小量、零担运输，代办包装。

11. 货运代理业

货运代理业是以代办大规模、大批量货物承运代理、报关、运输为主体的行业。

12. 起重装卸业

起重装卸业是以大件、笨重货物装卸、安装及搬运为主体的行业。

13. 快递业

快递业是以承接并组织快运快送服务为主体的行业。

14. 第三方物流业

第三方物流业是接受委托进行物流全程或物流某些环节服务，或供应链物流服务的行业。第三方物流业是现代物流领域的新兴行业。

思辨分析

如果把物流的 13 个主体行业归成 4 大类，你将怎样划分？请阐述自己的划分依据。

模块二

认识物流活动

物流活动是由物品的包装、装卸、运输、储存、流通加工、配送、物流信息等构成的活动过程，既是物流创造时间价值、场所价值和加工价值的活动，也是物流基本功能的实施与管理过程，通过本模块的学习，达到如下学习目标（表2-1）。

表 2-1　知识、能力、素养目标一览表

知识目标（认记）	能力目标（思辨）	素养目标（应用）
1. 认识运输作业； 2. 认识运输工具； 3. 认识仓储作业； 4. 认识配送作业； 5. 认识配送方式； 6. 认识装卸搬运作业； 7. 认识装卸搬运设备； 8. 认识流通加工作业； 9. 认识包装作业； 10. 认识物流信息技术	1. 能描述运输的主要方式； 2. 能描述仓储作业的流程； 3. 能识别不同类型的仓库； 4. 能描述配送作业的流程； 5. 能分清装卸搬运的种类； 6. 能描述常见的流通加工作业； 7. 能识别包装的种类； 8. 能描述物流信息技术的应用	1. 具有科学的思辨能力； 2. 具有团队协作意识； 3. 具备良好的沟通能力； 4. 具备科学的分析能力； 5. 具有科学的利用网络收集学习资源的能力； 6. 具有良好的沟通表达能力； 7. 具有科学的归纳总结能力

任务一　体验运输作业

一、初步认识运输作业

（一）运输

我国《物流术语》对运输的定义是：运输是用专用运输设备将物品从一地点向另一地点运送，其中包括集货、分配、搬运、中转、装入、卸下、分散等一系列操作。

（二）生活中的运输

"一骑红尘妃子笑，无人知是荔枝来"，以荔枝为例，这一古代达官贵人都很少有口福享用的南方水果，现如今已进入寻常百姓家。尤其是在当季，人们可以很容易在家门口买到全国各地出产的新鲜水果，而且价格并不比产地昂贵很多。地域差异和季节差异，都已经不是障碍了。

就世界范围来看，荔枝的主要产地在中国，而优良品种又基本上集中在广东。荔枝是非常难保存的水果，有"一日色变，二日香变，三日味变，四日色香味尽去"的特点。现在荔枝在运输过程中，通常是在运用保鲜技术后，装入冷藏集装箱，然后进行铁路或者公路运输，到达国内的各个城市甚至出口海外。

思辨分析

请总结运输都有哪些作用？

二、运输的主要方式

运输有五种主要方式：公路运输、铁路运输、水路运输、航空运输和管道运输。其特点此处不再赘述。而在实际工作中选择运输方式时，则需考虑如图 2-1 所示的因素。

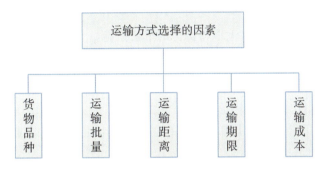

图 2-1　运输方式选择的因素

三、常见的运输工具

（一）常见的铁路运输工具

（1）铁路机车。铁路机车主要有蒸汽机车、内燃机车和电力机车三种。

（2）铁路车辆车身。铁路车辆车身主要有敞车、棚车、平车、集装箱车和罐车等。

（二）常见的公路运输车辆

常见的公路运输车辆有厢式货车、集装箱车、冷藏货车和罐式货车等。

（三）常见的水路运输工具

常见的水路运输工具有集装箱船、散装船和油轮等。

思辨分析

搜集上述运输工具的图片，讨论一下，这些运输工具都适合运输什么货物？

应用拓展

美国沃尔玛公司是世界上最大的商业零售企业，低成本战略使其物流成本始终保持低位。沃尔玛的整个物流过程中最昂贵的就是运输部分。尽可能地降低成本是其经营的哲学。

沃尔玛采用公路运输，使用一种约有16米加长货柜的卡车。车辆和司机是自有的。沃尔玛的车队大约有5 000名非司机员工，还有3 700多名司机。沃尔玛的运输车队利用夜间进行运输，从而做到了当日下午进行集货，夜间进行运输，翌日上午即可送货上门，保证在18个小时内完成整个运输过程，这是沃尔玛在速度上取得优势的重要措施。

2011年12月初，为了迎接即将到来的美国公众圣诞购物狂潮，美国沃尔玛公司连日租用了10多架次的货运飞机，频频在浦东国际机场起降，运送镇江江奎集团生产的40多万台DVD至美国市场。江奎集团只负责将生产出来的DVD用货车运至上海并在浦东国际机场的货运中心装柜，而沃尔玛承租的货机则负责装运作业，把堆放在货运中心空地上已包装整齐的DVD集装货柜有序装机。

资料来源：百度文库。

1. 分析以上案例材料，提出如何实现运输合理化？

2. 收集沃尔玛物流相关资料并总结其运输的成功经验，谈谈对你有什么启示？

任务二　体验仓储作业

一、仓储的初步认识

（一）仓储

我国《物流术语》对仓储的定义为：仓储是指利用仓库及相关设施设备进行物品的入库、存储、出库的活动。

（二）生活中的仓储

只要善于发现，生活中的仓储活动就无处不在。想象一下家中的衣橱、冰箱、鞋柜等的使用就是一种仓储管理。其实人们每天都在进行仓储活动。

以衣橱为例，衣橱作为一个专门存放衣服的空间，是简易的仓库。

衣橱根据不同的功能有不同的隔层，有的区域可以利用衣架悬挂衣服，有的区域需要折叠摆放，这就是仓库的不同分区和内部的设备；衣服需要洗净晾干，甚至进行简易包装后再放入不同的区域，长期存放的衣服还要放樟脑球等进行防蛀，这是货物的保管；换季时需要把当季的衣服放到容易拿取的区域，这是移仓和高频出库货物管理；每天放入衣服或者拿出衣服，这是货物的进出库……

思辨分析

请描述仓储活动都由哪些内容组成？

（三）仓储在物流中的作用

1. 仓储是物流的主要功能要素之一

物流活动中，仓储和运输并列为物流的两大主要功能要素。运输改变货物的空间状态，而仓储改变货物的时间状态。

2. 仓储是保证社会物质生产顺利进行的必要条件之一

在社会活动中，生产和消费之间总是存在空间、时间、品种及数量上的不均衡。生产和消费具有一定的地域限制，商品的生产和消费也存在季节差异。仓储可以通过缓冲生产和消费之间的这种不平衡的状态，保证生产和消费的连续性，保证社会物质生产顺利进行。

例如，我们常吃的大米，生产往往集中在每年秋季，但消费是全年性的；而我们冬天穿的羽绒服和夏天用的电风扇，可以常年生产，但消费是季节性的。为了满足人们的日常需要，就要把集中产出的大米、常年生产的羽绒服等存储起来，在需要的时候逐渐投放市场。

3. 仓储可以创造"时间效应"

通过仓储的调节功能，可以使商品在不同的时间，发挥其使用价值的最高水平，实现时间上的优化配置。

例如，时令性很强的水果和蔬菜，在大量上市时可以以较低的价格批量存储以便反时令上市时可以获得溢价销售。

4. 仓储是"第三利润源"的重要源泉之一

仓储在企业经营过程中，往往占用大量的流动资金，妥善管理库存，提高库存周转率，就可以减少流动资金占用，提高资金使用效率。仓库建设、维护保养、仓库作业等活动都会消耗大量的人力和物力，节约潜力很大。

例如，《2011年全国重点企业物流统计调查报告》显示，仓储成本占总物流成本的 31.0%。

二、仓储设施设备认知——仓库

仓库的分类如表 2-2 所示。

表 2-2　仓库分类表

按营运状态分类	1. 营业仓库；2. 公共仓库；3. 自用仓库
按保管状态分类	1. 冷藏仓库；2. 危险品仓库；3. 恒温仓库；4. 水上仓库；5. 原材料、产品仓库；6. 商品物资综合仓库；7. 农副产品仓储；8. 战略物资储备仓库；9. 一般专用仓库
按建筑形态分类	1. 平房仓库；2. 楼房仓库；3. 高层货架仓库；4. 柱式仓库；5. 露天仓库；6. 简易仓库
按基本功能分类	1. 保税仓库；2. 海关监管仓库；3. 储存型仓库；4. 流通仓库；5. 配送仓库

平房仓库、楼房仓库、高层货架仓库、危险品仓库和粮食仓库分别如图 2-2 至图 2-6 所示。

图 2-2　平房仓库

图 2-3　楼房仓库

图 2-4　高层货架仓库

图 2-5　危险品仓库

图 2-6　粮食仓库

应用拓展

1. 查找资料，分析一下上述仓库都有什么特点。
2. 收集网络上仓库的图片，说出它们属于上述哪种类型。

三、仓储作业流程与仓储 7S 管理

（一）仓储作业流程

仓储作业流程一般由入库作业、在库管理、出库作业三个阶段组成。

（二）仓储 7S

1. 整理（seiri）

整理就是把需要与不需要的人、事、物分开，再将不需要的人、事、物加以处理。整理的目的是改善和增加作业面积；现场无杂物，行道通畅，提高工作效率；消除管理上的混放、混料等差错事故。这样有利于减少库存，节约资金。

2. 整顿（seiton）

整顿是把需要的人、事、物加以定量、定位。通过前一步整理后，对作业现场需要留下的物品进行科学合理的布置和摆放，以便用最快的速度取得所需物品，在最有效的规章、制度和最简捷的流程下完成作业。

3. 清扫（seiso）

清扫是把工作场所彻底打扫干净，设备异常时马上修理使之恢复正常。脏乱的现场不但会使设备精度降低，故障多发，使安全事故防不胜防，而且会影响人员的工作情绪。

4. 清洁（setketsu）

整理、整顿、清扫之后要认真维护，使现场保持完美和最佳状态。清洁，是对前三项活动的持续与深入，从而消除发生安全事故的根源。

5. 素养（shitsuke）

素养即教养，努力提高人员的素养，养成严格遵守规章制度的习惯和作风，这是"7S"管理的核心。同样，素养也是目前物流企业招聘员工的重要考虑因素，在物流企业人力资源管理人员眼中"知识可以再培训，技能可以熟能生巧，但素养却是长期以来潜移默化而成的"。

6. 安全（safety）

保障员工的人身安全，保证生产连续安全正常的进行，同时减少因安全

事故而带来的经济损失。

7. 节约（save）

节约就是对时间、空间、能源等方面合理利用，以发挥它们的效能，从而创造一个高效率的、物尽其用的工作场所。

应用拓展

7S 管理可以应用在生活的方方面面，举例说明在教室或者实训场所如何实施 7S 管理。

应用拓展

案例分析：蒙牛泰安分公司的立体仓库

内蒙古蒙牛乳业泰安有限公司乳制品自动化立体仓库主要存放成品纯鲜奶和成品瓶酸奶。库区面积 8 323 平方米，货架最大高度 21 米，托盘尺寸 1.2 米×1 米，库内货位总数 19 632 个。其中常温区货位 14 964 个，低温区货位 4 668 个，入库能力 150 盘/小时，出库能力 300 盘/小时。

根据存储温度的不同要求，仓库划分为常温和低温两个区域。常温区保存鲜奶成品，低温区配置制冷设备，恒温 4℃，存储瓶装酸奶。按照生产—存储—配送的工艺及奶制品的工艺要求，经方案模拟仿真优化，最终将库区划分为入库区、储存区、托盘（外调）回流区、出库区、维修区和计算机管理控制室六个区域。

入库区由 66 台链式输送机、3 台双工位高速梭车组成，负责将生产线码垛区完成的整盘货物转入各入库口。双工位穿梭车则负责生产线端输送机输出的货物向各巷道入库口的分配、转动及空托盘回送。

储存区包括高层货架和 17 台巷道堆垛机。高层货架采用双托盘货位，完成货物的存储功能。巷道堆垛机则按照指令完成从入库输送机到目标的取货、搬运、存货及从目标货位到出货输送机的取货、搬运、出货任务。

托盘（外调）回流区分别设在常温储存区和低温储存区内部，由 12 台出库口输送机、14 台入库口输送机、巷道堆垛机和货架组成，分别完成空托盘回收、存储、回送、外调货物入库、剩余产品及退库产品入库、回送等工作。

出库区设置在出库口外端，分为货物暂存区和装车区，由 34 台出库输送机、叉车和运输车辆组成。叉车司机通过电子看板、RF 终端扫描来完成装车作业，反馈发送信息。

维修区设在穿梭车轨道外一侧，在某台穿梭车更换配件或处理故障时，其他穿梭车仍旧可以正常工作。计算机控制室设在二楼，用于出入库登记、出入库高度管理和联机控制。

资料来源：百度文库。

试分析：

1. 自动化立体仓库由哪些设施组成？
2. 蒙牛泰安分公司的立体仓库的优越性有哪些？

任务三　体验配送作业

一、配送的初步认识

（一）配送的含义

我国《物流术语》对配送的定义是：配送是在经济合理区域范围内，根据客户要求，对物品进行拣选、加工、包装、分割、组配等作业，并按时送达指定地点的物流活动。

（二）生活中的配送

每个城市的大街小巷都有报亭，人们可以很方便地买到报纸和杂志，这些东西是怎么出现在报亭的呢？如果大家注意就会发现每天在固定的时刻会有专门的配送人员将所需的报纸和杂志送到报亭来，数量和种类都是报亭老板之前预订好的。原来是邮局的工作人员每天按照全市报亭的订单将报纸和杂志进行分拣、打包，然后按照配送路线，将报纸和杂志送到各个报亭中。

思辨分析

想一想：如果生活中没有配送，我们的生活会变成什么样？

二、配送方式

配送可以按照不同的标志进行分类，如图 2-7 所示。

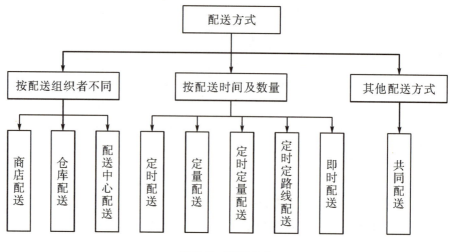

图2-7　配送方式

三、配送中心的作业流程

依据各自运营特点的不同、经营产品的种类不同、产品物流特性的不同，配送中心有着各自不同的作业流程。但一般来说，配送中心都遵循如图2-8所示的作业流程。

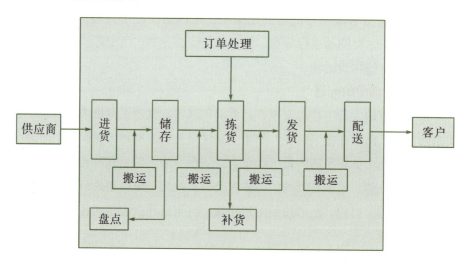

图2-8　配送中心作业流程

应用拓展

案例分析：沃尔玛的配送中心

美国沃尔玛配送中心是典型的零售型配送中心。该中心设在 100 家连锁店的中央位置，商圈为 320 千米，服务对象店的平均规模为 1.2 万平方米。中心经营商品达 4 万种，主要是食品和日用品，通常库存为 4 000 万美元，旺季为 7 000 万美元，年周转库存 24 次。在库存商品中，畅销商品和滞销商品各占 50%，库存商品期限超过 180 天为滞销商品，各连锁店的库存量为销售量的 10% 左右。

沃尔玛配送中心是由沃尔玛公司独资建立的，专为本公司的连锁店按时配送商品，确保各店稳定经营。该中心的建筑面积为 12 万平方米，总投资 7 000 万美元，有员工 1 200 多人；配送设备包括 200 辆车头、400 节车厢、13 条配送传送带，配送场内设有 170 个接货口。配送中心 24 小时运转，每天为分布在纽约州、宾夕法尼亚州等 6 个州的沃尔玛公司的 100 家连锁店配送商品。配送中心完全实现了装卸搬运机械化。

配送中心就是一个大型的仓库，但在概念上与仓库有所区别。配送中心的一端是装货月台，另一端是卸货月台，两项作业分开进行。这看似与装卸一起进行的方式没有什么区别，但是运作效率却因此提高很多。

交叉配送的作业方式非常独特，而且效率极高，进货时直接装车出货，没有入库储存与分拣作业，从而降低了成本，加速了流通。

800 名员工通过 24 小时倒班完成装卸、搬运和配送工作。沃尔玛的工人工资并不高，因为这些工人基本上都是初中生或高中生，只是经过了沃尔玛的特别培训。

商品在配送中心停留不超过 48 小时。沃尔玛出售的产品有几万个品种，吃、穿、住、用、行各方面都有，尤其是像食品、快速消费品这些商品的停留时间将直接影响到使用。

不只是沃尔玛，由于高科技的发展，很多配送中心普遍采用了机械化和自动化作业，装卸搬运均由吊车、电动叉车和传送带完成。设有高层货架的立体仓库，使储存向空间延伸。美国的立体仓库大部分都建有专业通信网，货物的存取搬运都利用托盘、货架叉车和吊车。日本已呈现出采用尖端物流技术的趋势。例如，计算机控制的机器人和搬运特殊物品的机械手，高速分拣装置和特殊运货车辆等。

资料来源：百度文库。

试分析：配送中心在沃尔玛的整个物流体系中起到了什么作用？

任务四　体验装卸搬运作业

一、装卸搬运的初步认识

（一）装卸搬运的含义

我国《物流术语》对装卸的定义为：装卸是指物品在指定地点以人力或机械载入或卸出运输工具的作业过程。

对搬运的定义为：搬运是指在同一场所内，对物品进行空间移动的作业过程。

综上，装卸搬运是指在某一物流节点范围内进行的，以改变物料的存放状态和空间位置为主要内容和目的的活动。

（二）生活中的装卸搬运

同学们想一下，货物是怎样装上车的？当满载货物的车辆到达仓库后，又是如何卸车并送入仓库的？装车和卸车的时间大约要多久？装卸的过程中，有没有经历过货物掉到地上，导致货损的情况？

以汽车装卸为例，用叉车将货物堆垛，放在车厢中。车辆停靠月台后，运用叉车将货物从车厢中叉取出来，然后搬运到仓库的指定位置。装卸搬运活动的基本动作包括装车、卸车、堆垛、入库、出库以及联结上述各项动作的短程输送。装卸搬运活动是不断出现和反复进行的，它出现的频率高于其他各项物流活动，每次装卸活动都要花费很长时间，所以往往成为决定物流速度的关键。装卸搬运活动所消耗的人力也很多，所以装卸搬运费用在物流成本中所占的比重也较高。进行装卸操作时往往需要接触货物，因此很容易造成货物破损、散失、损耗、混合等损失。

思辨分析

装卸搬运在物流中的作用有哪些？

二、装卸搬运的分类

装卸搬运可以按不同的标志分类，详见表2-3：

表2-3　装卸搬运分类表

按装卸搬运施行的物流设施、设备对象分类	1. 仓储装卸；2. 铁路装卸；3. 港口装卸
按装卸搬运的机械及机械方式分类	1. "吊上吊下"方式；2. 叉上叉下方式；3. 滚上滚下方式；4. 移上移下方式；5. 散装散卸方式
按被装物的主要运动形式分类	1. 垂直装卸；2. 水平装卸
按装卸搬运的对象分类	1. 散装货物装卸；2. 单件货物装卸；3. 集装货物装卸
按装卸搬运作业的特点分类	1. 连续装卸；2. 间歇装卸

其中最重要的是按装卸搬运的机械及机械作业方式分类，可分为如下五种装卸搬运方式。

1. 吊上吊下方式

吊上吊下方式采用各种起重机械从货物上部起吊，依靠起吊装置的垂直移动实现装卸，并在吊车运行的范围内或回转的范围内实现搬运或依靠搬运车辆实现搬运，见图2-9。

图2-9　吊上吊下方式

2. 叉上叉下方式

叉上叉下方式采用叉车从货物底部托起货物，并依靠叉车的运动进行货物位移，搬运完全靠叉车本身，货物可不经中途落地直接放置于目的处。这种方式垂直运动不大而主要是水平运动，属水平装卸方式，见图2-10。

图 2-10　叉上叉下方式

3. 滚上滚下方式

滚上滚下方式主要指港口装卸的一种水平装卸方式，利用叉车或半挂车、汽车承载货物，连同车辆一起开上船，到达目的地后再从船上开下。利用叉车的滚上滚下方式，在船上卸货后，叉车必须离船。利用半挂车、平车或汽车，则拖车将半挂车、平车拖拉至船上后，拖车开下离船而载货车辆连同货物一起运到目的地，再原车开下或拖车上船拖拉半挂车、平车开下，见图2-11。

图 2-11　滚上滚下方式

4. 移上移下方式

在两车之间（如火车及汽车）进行靠接，然后利用各种方式，不使货物垂直运动，而靠水平移动从一个车辆上推移到另一车辆上，称为移上移下方式。移上移下方式需要使两种车辆水平靠接，因此对站台或车辆货台需进行改变，并配合移动工具实现这种装卸，见图2-12。

图 2-12　移上移下方式

5. 散装散卸方式

散装散卸方式常用于对散装物进行装卸。一般从装点直到卸点，中间不再落地，这是集装卸与搬运于一体的装卸方式，见图2-13。

图 2-13　散装散卸方式

三、认知装卸搬运设备

常见的装卸搬运设备如图 2-14 至图 2-16 所示。

图 2-14　集装箱门式起重机

设备名称：集装箱门式起重机（图 2-14）。

类型：装卸设备。

适用货物：集装箱货物。

工作场所：集装箱堆场或码头。

图 2-15　皮带输送机

设备名称：皮带输送机（图 2-15）。

类型：搬运设备。

适用货物：散碎物料、成件物品。

工作场所：现代化的各种工业企业。

设备名称：平衡重式叉车（图 2-16）。

类型：装卸搬运设备。

适用货物：成件物品。

工作场所：港口、车站和企业。

图 2-16 平衡重式叉车

四、装卸搬运合理化

（一）消除无效搬运

因为装卸搬运不能增加货物的价值和使用价值，反而会增加货物破损的可能性和成本，所以要千方百计防止和消除无效作业。

（二）缩短搬运作业的距离

物料在装卸、搬运过程中，要实现水平和垂直两个方向的位移，选择最短的路线完成这一活动。

（三）提高装卸搬运的灵活性

装卸搬运的灵活性指在进行装卸和堆放货物时，事先要考虑到装卸作业的便捷性。在装上时要考虑便于卸下；在入库时要考虑便于出库。还要创造易于搬运的环境和使用易于搬运的包装。物资装卸、搬运的灵活性，根据物资所处的状态，即物资装卸、搬运的难易程度，可分为不同的级别：

（1）0 级——物料杂乱地堆在地面上的状态。

（2）1 级——物料装箱或经捆扎后的状态。

（3）2级——箱子或被捆扎后的物料，下面放有枕木或其他衬垫后，便于叉车或其他机械作业。

（4）3级——在台车上或用起重机吊钩钩住，即刻移动的状态。

（5）4级——被装卸、搬运的物料，已经被启动、直接作业的状态。

（四）尽可能利用重力装卸搬运

在有条件的情况下利用重力进行装卸，可减轻劳动强度和能量的消耗。

（五）合理利用机械

为了提高生产率、安全性、服务性和作业的适应性等，将人力操作转由机械来实现，而人可以在更高级的工作中发挥作用。

（六）推广集装单元化装卸

将零散物体归整为统一格式的集装单元称为集装单元化。这对搬运作业的改善至关重要。这种方式由于搬运单位变大，可以发挥机械的效能，提高作业效率，搬运方便，灵活性好，负载均匀，有利于实现作业标准化，在作业过程中避免物品损伤，对保护被搬运的物品有利。

应用拓展

案例分析：KPP 的托盘租赁业务

KPP 是韩国最大的托盘联营公司，主要经营托盘租赁。它备有 200 多万个的标准托盘，并有高效的托盘回收系统。它的 330 名员工通过 7 个分支机构和遍布全国的 21 个网点，为客户提供 7×24 小时的服务。每当接到客户通知，离客户最近的网点就会被委托将托盘送抵客户或将客户用过的托盘回收。这样，KPP 客户的产品一下线，就可以立即附着在租来的托盘上直抵消费者。

相对于托盘自备者来说，KPP 客户的产品可以实现"一站式"流通，非常快捷、经济。在韩国遍布石化、食品、纺织、肥料、农产品和流通等行业的 2 040 家企业正在享受这种服务。在整个物流过程中，产品要经过储存、装卸和运输，最终才能抵达消费者。而在这其中，没有一个环节能少得了托盘。产品首先要装入包装箱内并码放在托盘上，形成一个集装单元，然后再以集装单元的形式放置在货架上。产品的装卸也应该是集装单元与叉车的配合。当然产品的集装单元最终将填满集装箱，排列在运输设备上直抵消费者。

资料来源：百度文库。

1. 结合案例分析，如何体现装卸搬运合理化？
2. 上网收集关于托盘租赁的资料，总结装卸搬运方面值得学习的经验有哪些。

任务五　体验流通加工作业

一、流通加工的认识

（一）流通加工的含义

我国《物流术语》对流通加工的定义为：流通加工是根据顾客的需要，在流通过程中对产品实施的简单加工作业活动（如包装、分割、计量、分拣、刷标志、刷标签、组装等）的总称。

（二）生活中的流通加工

在超市里会见到各种各样洗发水的促销装，现在来看一下洗发水促销装的整个诞生过程：在工厂中将调配好的洗发水原液灌装到洗发水瓶中，然后印刷各种标签，最后按照一定的包装放在纸箱中打包封箱。为了配合超市等零售终端的促销，将洗发水等相关产品进行不同的搭配，组装成不同的销售包装。

二、流通加工的作用

（一）充分利用资源，提高原材料利用率

通过流通加工，将生产厂商直接运来的简单规格的产品，按用户要求进行集中下料。如钢材、木材、玻璃等可以优材优用、小材大用、按需选用、合理套裁，能明显地提高原材料的利用率，有很好的经济效益。

（二）通过流通加工，方便用户的购买和使用

通过流通加工可以使用户省去进行初级加工的投资、设备、人力，降低了成本，方便了用户。例如，将水泥加工成混凝土，将原木或板、方材加工成门窗，钢板预处理、整形等加工，既搞活了供应，又方便了用户。

（三）增强加工效率和设备利用率

流通加工面向全社会，加工数量大，加工范围广，加工任务重。通过建立集中加工点，采用一些效率高、技术先进、加工量大的专门机具和设备，一方面提高了加工效率和加工质量，另一方面提高了设备利用率。

思辨分析

请举例说明流通加工的作用。

三、流通加工实例

（一）钢材的流通加工

专业钢材剪切加工企业能够利用剪板机或各种剪切、切割设备，按照用户设计的规格尺寸和形状，将大规模的金属材料裁切为小尺寸的板料或毛坯，这种方式具有精度高、速度快、废料少、成本低的特点。

（二）水泥的流通加工

在水泥流通服务中心，将水泥、沙石、水以及添加剂按比例进行初步搅拌，然后装进水泥搅拌车，事先计算好时间，卡车一边行走，一边搅拌，到达工地后，搅拌均匀的混凝土即可直接进行浇注。

（三）木材的流通加工

树木在生长地被伐倒后，先在原处去掉树杈和树枝，将原木运走，剩下来的树杈等，在当地木材加工厂进行流通加工，做成复合木板。也可以将树枝在产地磨成木屑，采取压缩方法加大容重后运往外地造纸厂造纸。

（四）水产品、肉类的流通加工

深海捕鱼船出海，在船上将所捕获鱼类开膛、去尾、剔骨，然后冷冻保存，不仅能节省轮船舱容，提高保管能力，而且能保鲜存放；牛肉、猪肉、鸡肉等肉类食品，在屠宰厂进行分割、去骨，冷冻运输和保管。

（五）自行车的流通加工

自行车整车运输、保管和包装，费用高、难度大、装载率低，但这类产品装配简单，不必进行精密调试和检测，可以将同类部件装箱，批量运输和存放，在商店出售前再组装。

（六）酒类的流通加工

酒类都是液体，从产地批量将原液运至消费地，再进行配制、装瓶、贴商标、包装后出售，这样既可以节约运费，又安全保险，以较低的成本，卖出较高的价格，附加值大幅度增加。

（七）玻璃的流通加工

玻璃的运输货损率较高，运输的难度比较大。在消费比较集中的地区建玻璃流通加工中心，按照用户的需要对平板玻璃进行套裁和开片，可使玻璃的利用率从 62% ~ 65%，提高到 90% 以上，大大降低了玻璃破损率，提高了玻璃的附加价值。

（八）食品的流通加工

食品流通加工的类型很多。只要我们留意超市里的货柜就可以看出，那里摆放的各类洗净的蔬菜、水果、肉馅、鸡翅、香肠、咸菜等都是流通加工的结果。这些商品在摆进货柜之前就已进行了分类、清洗、贴商标和条形码、包装、装袋等加工作业，这些流通加工都不是在产地，已经脱离了生产领域，进入了流通领域。食品流通加工的具体项目主要有如下几种：

1. 冷冻加工

冷冻加工是为了保鲜而进行的流通加工。为了解决鲜肉、鲜鱼在流通中保鲜及装卸搬运的问题，采取低温冻结的方式进行加工。这种方式也用于某些液体商品、药品等。

2. 分选加工

分选加工是为了提高物流效率而进行的对蔬菜和水果的加工，如去除多余的根叶等。农副产品规格、质量离散情况较多，为获得一定规格的产品，采取人工或机械分选的方式加工称为分选加工。这种方式广泛用于果类、瓜类、谷物、棉毛原料等。

3. 精制加工

农、牧、副、渔等产品的精制加工是在产地或销售地设置加工点，去除无用部分，甚至可以进行切分、洗净、分装等加工，以进行分类销售。这种加工不但大大方便了购买者，而且可以对加工过程中的淘汰物进行综合利用。比如，鱼类的精制加工所剔除的内脏可以制成某些药物或用作饲料，鱼鳞可以制作高级黏合剂，头尾可以制成鱼粉等，蔬菜的加工剩余物可以制成饲料、肥料等。

4. 分装加工

许多生鲜食品零售起点较低，而为了保证高效输送出厂，包装一般比较大，也有一些是采用集装运输方式运达销售地区。这样为了便于销售，在销售地区按所要求的零售起点进行新的包装，即大包装改小包装，散装改小包装，运输包装改销售包装，以满足消费者对不同包装规格的需求，从而达到促销的目的。

5. 半成品加工、快餐食品加工

半成品加工、快餐食品加工形式，节约了运输等物流成本，保护了商品质量，增加了商品的附加价值。

思辨分析

1. 对食品进行流通加工，其作用体现在哪些方面？
2. 与生产加工相比，流通加工有何特点？

任务六　体验包装作业

一、包装的初步认识

（一）包装的含义

我国《物流术语》对包装的定义为：包装是为在流通过程中保护产品、方便储运、促进销售，按一定技术方法而采用的容器材料及辅助物等的总体名称，也指为了达到上述目的而采用容器、材料和辅助物的过程中施加一定技术方法等的操作活动。

（二）生活中的包装

生活中的包装有很多种类，例如，方便面的包装（见图2-17）。方便面是大家生活中常见的一种食品，常见的方便面包装有塑料袋单面饼包装、桶面、五连包、纸箱包装等。方便面是食品，首先要保证其不受污染，确保食品安全，而且面饼易受潮，用塑料做包装可以一定程度上避免上述问题，起到保护商品的作用。商品外包装特点清晰，标志明显，图案色彩抢眼，可以引起顾客的兴趣，进而购买商品，达到促进销售的目的。将单包方便面按照一定的包装率放在纸箱中，一方面可以保护方便面，使其免受挤压，另一方面便于仓储、运输等物流活动。

思辨分析

包装在生活中随处可见，那么方便面为什么采用这样的包装？每一种包装都起什么作用？

图 2-17　方便面的包装

（三）包装在物流中的作用

包装在整个物流活动中具有特殊的地位。在生产和流通过程中，包装处于生产过程的末尾和物流过程的开头，既是生产的终点，又是物流过程的起点。

1. 包装在装卸搬运中的作用

（1）包装的重量对装卸搬运的影响。采用人工装卸作业时，其包装重量必须限制在人力允许的范围内。运用机械进行装卸作业时，包装重量可以得到极大的提高，但同样不能超出机械的最大承重。

（2）包装的外形尺寸对装卸的影响。采用人工装卸时，其包装的外形尺寸必须适合人工的操作。运用机械进行装卸作业时，包装的外形尺寸可以得到极大的增大，但同样要满足机械的适用性。比如：货叉，适用于叉取托盘货物或者托板货物等；夹持器，可以夹持各种筒状货物。

（3）包装的形式对装卸的影响。当包装的外形尺寸较大时，若采用人工进行装卸作业，在包装的外形中，必须考虑手搬动的手扣；若采用叉车进行作业，则要求包装物下方有货叉进出的位置。

2. 包装在储存中的作用

（1）包装的强度、规格尺寸及技术的选用度对储存产生较大的影响。合适的包装强度使仓储堆码得到很好的保证。包装规格尺寸对提高仓库的库容量有一定的影响。通过包装满足不同的储存条件，不同的储存条件应选用不同的包装技术。

（2）包装在运输中的作用。运输包装以强化运输、保护商品、便于储存为主要目的。

（3）合适的缓冲包装可以保证物资在运输过程中不受损伤。例如，家电产品在运输时，在纸箱中会填充泡沫材料作为缓冲，以免损伤产品。

（4）合适的包装尺寸可提高运输车辆的装载效率。例如，很多商品的运输包装尺寸都与所采用的运输车辆体积相契合，这样可以更多地装载货物。

二、包装的分类

包装按不同标准，有不同的分类，详见表2-4。

表2-4　包装分类表

按包装的目的分类	1. 运输包装；2. 销售包装
按包装的形态分类	1. 个包装；2. 内包装；3. 外包装
按包装方法分类	1. 缓冲包装；2. 防锈包装；3. 真空包装；4. 充气包装；5. 灭菌包装；6. 贴体包装；7. 组合包装
按包装材料分类	1. 纸类包装；2. 塑料类包装；3. 金属类包装；5. 玻璃和陶瓷类包装
按包装使用次数分类	1. 一次性包装；2. 复用性包装

这里仅简单介绍一下运输包装、销售包装、一次性包装和复用性包装。

（一）运输包装

运输包装以满足运输、储存、装卸的需要为主要目的，具有保障产品的安全，方便运输、储存、装卸，加速交接、点验等作用。运输包装见图2-18。

图2-18　运输包装

（二）销售包装

销售包装以销售为主要目的，具有保护、美化、宣传商品的作用，对商品起促销作用。销售包装见图2-19。

图2-19　销售包装

（三）一次性包装

一次性包装是指用于单程运输的各类木质卡板、木箱及胶合板卡板、木箱、软木等。

（四）复用性包装

复用性包装是指可反复使用的各类塑料制品或胶合板、木质类卡板、包装箱等。

思辨分析

某品牌笔记本电脑在设计运输包装的过程中，会涉及以上哪些包装类型？

三、包装技术和方法

（一）对内装物的合理置放、固定和加固

在包装容器中装进形状各异的产品，必须要合理置放、固定和加固，从而缩小体积、节省材料。

（二）对松泡产品进行压缩

对于羽绒服、枕芯絮被等松泡产品，采用真空包装，可以大大缩小松泡产品的体积，缩小率可达 50%～80%，从而降低运输费用和仓储费用。松泡产品采用真空包装的效果见图 2-20。

图 2-20　真空包装

（三）合理选择外包装形状尺寸

在外包装形状尺寸的选择中，要避免过高、过扁、过大、过重等。

（四）合理选择内包装（盒）形状尺寸

在选择内包装形状尺寸时，要注意与外包装形态相配合。

5. 包装外的捆扎

包装外的捆扎就是将单个物件或数个物件捆紧，这样不但可以方便运输、储存、装卸搬运，而且能防止失窃、压缩容积等。包装外的捆扎可使用打包机打包（见图2-21）和缠绕机捆扎（见图2-22）。

图2-21　打包机打包　　　　　　　图2-21　缠绕机捆扎

应用拓展

宜家的包装合理化

宜家是率先实行家具平板包装的公司之一。1956年，宜家一名设计师注意到，顾客在将桌子塞进车里时非常费劲。为了把桌子塞进去，只有把桌腿拆掉。这名设计师因此得到灵感，开始设计可拆式家具。从那以后，宜家的大部分产品都可以拆开装运。

在宜家的公司文化中，浪费被认为是"致命的罪过"。从设计室到仓库，宜家的员工最常说的一句话是："我们不想花钱运空气。"平板包装最大限度地利用了集装箱内的空间，从而提高了运输效率，降低了运输成本。宜家估计，如果其商品安装好了再运输，其运输量将多出6倍。为此宜家不惜在设计上花工夫。宜家的邦格咖啡杯迄今为止已进行了三次重新设计，其只是为了能在一个货盘上多装一些。最初一个货盘只能装864个咖啡杯，经重新设计后，杯子加上了边缘，一个货盘装载的数量增至1 280个。后来宜家再次对咖啡杯进行重新设计，设计出了一种更矮一些的杯子，这样一个货盘就能装2 024个。在杯子的销售价格保持在50美分一个的同时运输成本下降了60%。宜家每年售出的这种杯子达2 500万个，如此一算，节省的成本就相当可观。杯子重新设计后，生产这种杯子的宜家罗马尼亚工厂的生产成本也随之下降，因为生产杯子的熔炉一次生产的杯子数量增加了。对于某些物品如枕头，宜家则采取将空气抽出来的办法以压缩物品占用的空间从而降低运输成本。宜家每年运往全球的商品达2 500万立方米，平板包装的成本优势非常明显。另外，平板包装将产品组装的成本转嫁给了顾客，宜家因此节省了更多成本。

资料来源：百度文库。

试分析：

1. 宜家是如何实现包装合理化的？

2. 上网收集宜家的有关资料，总结宜家采取的有利于运输的包装做法，对你有什么启示？

任务七 体验信息处理作业

一、物流信息的初步认识

（一）物流信息的含义

我国《物流术语》对物流信息的定义为：物流信息是反映物流各种活动内容的知识、资料、图像、数据、文件的总称。

（二）物流信息的特征

（1）信息量大、分布广。物流信息随着物流活动以及商品交易活动展开而大量发生，而且信息量将会越来越大。

（2）动态性强，更新、变动快。在物流活动中，信息不断地产生，而且随着人们消费需求而更新，速度很快。

（3）来源多样化。物流信息不仅包括企业内部的物流信息，而且包括企业之间的物流信息和与物流活动有关的基础设施的信息。

（4）信息的不一致性。信息的产生、加工在时间、地点上不一致，采集周期和衡量尺度不一致，在应用方式上也不一致。

二、物流信息系统及物流信息技术

（一）物流信息系统

物流信息系统指由人员、设备和程序组成的，为物流管理者执行计划、实施控制等职能提供相关信息的交互系统。

（二）物流信息技术

物流信息技术是现代信息技术在物流各个作业环节中的综合应用，既是现代物流区别传统物流的根本标志，也是物流技术中发展最快的领域，尤其是计算机网络技术的广泛应用使物流信息技术达到了较高的应用水平。物流信息技术的发展也改变了企业应用供应链管理获得竞争优势的方式，成功的企业通过应用信息技术来支持它的经营战略并选择它的经营业务。

三、物流信息技术在物流中的应用

（一）条形码技术

（1）条形码是由一组按特定规则排列的条、空及其对应字符组成的表示一定信息的符号。

（2）条形码技术在物流中的应用。

以全球最大的零售企业沃尔玛为例，该公司在全美有 25 个配送中心，一个配送中心要为 100 多家零售店服务，日处理量为 20 多万个纸箱。每个配送中心分 3 个区域：收货区、拣货区、发货区。

在收货区，一般用叉车卸货。先把货堆放到暂存区，工人用手持式扫描器分别识别运单上和货物上的条码，确认匹配无误才能进一步处理，有的商品要入库，有的商品则要送到发货区直接发货。

在拣货区，计算机在夜间打印出隔天需要向零售店发运的纸箱的条码标签。白天，拣货员拿一叠标签（ITF-14 条码）打开一个个空箱，在空箱上贴上条码标签，然后用手持式扫描器识读。根据标签上的信息，计算机随即发出拣货指令。在货架的每个货位上都有指示灯，表示需要拣货的位置以及拣货的数量。

当拣货员完成该货位的拣货作业后，按一下"完成"按钮，计算机就可以更新其数据库。装满货品的纸箱经封箱后运到自动分拣机，全方位扫描器识别纸箱上的条码后，计算机指令拨叉机构把纸箱拨入相应的装车线，以便集中装车运往指定的零售店。

思辨分析

分析沃尔玛案例，总结条形码技术在物流中的仓储管理、库存系统、分货拣选系统等环节中的典型应用。

（二）电子数据交换（EDI）技术

（1）EDI技术使企业间业务往来的商业交易资料采用标准的格式以电子方式在计算机之间自动的传递，并按照国际统一的语法规则对报文进行处理，实现了电子数据交换。

（2）EDI技术在物流中的应用。以沃尔玛为例，沃尔玛与其多家供应商通过计算机联网进行数据传递和订货等交易活动，不需要人工的直接介入，EDI处理单证有四大类：

①运输单证：海洋提单、托运单、多式联运单、陆运单、空运单、装箱清单、集装箱单。

②商业单证：订单、发票、装箱单、重量单、尺码单和装船通知单等。

③海关单证：进出口货物报关单、海关转运报关单、船舶进出港货物报关单、海关发票等。

④商检单证：出入境通关单、各种检验检疫证书等。

企业通过EDI运作，不仅加快了通关、报检速度，而且减少了电话、传真等方面的费用，避免因人工抄写文件而造成的差错，可及时利用运输资源降低运费和减少运输时间。通过EDI，零售业、配送业提高了订单和发票的传输速度，减少了库存量与空架率，加快了资金周转，有利于建立产供销一体化的供应链。

思辨分析

结合上述案例，总结EDI技术的优势有哪些。

（三）全球卫星定位系统（GPS）

（1）全球卫星定位系统是利用分布在2万千米高空的多颗人造卫星，对地面或接近地面的目标进行定位和导航的系统。

（2）GPS在物流中的应用。GPS可用于运输工具的跟踪，提供出行路线的规划和导航，并具备查询和报警功能。地面指挥中心可随时与被跟踪目标通话，实行管理或进行紧急援助。以沃尔玛为例，沃尔玛为公司所有运输卡车都安装了GPS，车队使用电脑进行车辆调速，并通过GPS对车辆进行定位。每辆车在什么位置，装载的是什么货物，目的地是哪个地方，总部都一目了然，可以合理安排运量和路线，最大限度地发挥运输潜力，避免浪费，不仅降低了成本，而且提高了效率。

应用拓展

案例分析：美国联邦快递的信息技术

美国联邦快递公司是全球快运业巨擘。成立于 1907 年的美国联邦快递用 25 年时间，从零起步，发展为现有 130 多亿美元资产，在小件包裹速递、普通递送、非整车运输、集成化调运管理系统等领域占据大量市场份额的行业领袖，并跨入世界 500 强。美国联邦快递现有员工 14.5 万，在 211 个国家和地区开展业务，有全球业务空港 366 座，备有各类型运输飞机达 624 架，日出车数近 4 万辆，处理超过 200 万磅的空运货物。

联邦快递公司通过应用以下三项物流信息技术为其服务提高了竞争能力：

第一，条形码和扫描仪使联邦快递公司能够有选择地每周七天、每天 24 小时地跟踪和报告装运状况，顾客只需拨打免费电话，即可获得"地面跟踪"和航空通途这样的增值服务。

第二，联邦快递公司的递送驾驶员随时携带着笔记本电脑到排好顺序的线路上收集递送信息。

第三，联邦快递公司最先进的信息技术应用，是创建于 1993 年的一个全美无线通信网络，该网络使用了 55 个蜂窝状载波电话。

在信息管理上，最典型的应用是联邦快递在美国国家半导体公司位于新加坡仓库的物流信息管理系统，该系统有效地减少了仓储量并节省了货品运送时间。在美国国家半导体公司新加坡仓库，管理员像挥动树枝一样将一台扫描仪扫过一箱新制造的电脑芯片。通过这个简单的举动，他启动了高效和自动化、几乎像魔术般的送货程序。这座巨大仓库是由联邦快递的运输奇才们设计建造的。联邦快递的物流系统将这箱芯片发往码头，而后送上卡车和飞机，接着又是卡车，在短短的 12 小时内，这些芯片就会送到国家半导体公司的客户——远在万里之外的硅谷的个人电脑制造商手中。整个过程中，芯片中嵌入的电子标签可让客户精确跟踪订货。

由此可见，物流信息技术通过切入物流企业的业务流程来实现对物流企业各生产要素进行合理组合与高效利用，降低了经营成本，直接产生了明显的经营效益。

资料来源：百度文库。

试分析：

1. 联邦快递公司在实际运作中采用了什么样的信息技术？

2. 总结一下，国内快递企业可以从联邦快递公司学到什么经验？

应用拓展

一双运动鞋的物流之旅

大家好！我是某品牌今年的新款运动鞋，43 码，男鞋。

从生产流水线下来后，我被装进鞋盒，刷上各种标签，然后和其他的同款兄弟们被装进大纸箱，整齐地码放在托盘上，被运进工厂的仓库。和我在一起的还有各种不同款式、颜色和尺码的帽子、便服、套服等。

很快地，我就和我的兄弟们分开了，我被装上运输车辆，开始了我的物流之旅。经过长途运输，我们被送到了不同的物流中心。我来到了北京的物流中心，库房管理员对我们进行了签收。我们在托盘上由叉车从车辆上取下，然后搬运到物流中心仓库的货架上。

新品要上市，各门店开始准备货源，各门店根据自己的销售计划，通过信息系统提交了订单，销售计划部的订单员审核订单后，各物流中心系统操作员定时打印交货单，交给库房管理员。库房管理员组织人员根据交货单开始进行拣货配货。

我恰好就是某家门店所订购的货品。于是我被拣货人员从货架中拣出，和该门店所订购的其他货品会合、装箱。然后一起经过接货、清点、签收，装上了配送车辆，经过短途运输，我和其他兄弟们被送到了某门店。送货员和门店店长经过交接后，我和其他兄弟们被搬下配送车辆，放到了门店的小仓库中，很快我被摆在了门店的销售货架上，等待我的主人带我回家。

资料来源：百度文库。

通过本模块内容的学习，以小组为单位完成如下作业，并以 PPT 形式汇报：

1. 物流活动由哪些环节组成？

2. 物流各环节是怎样进行无缝衔接的？

模块三

走进企业物流

在企业生产经营过程中，物品从原材料供应，经过生产加工，到产成品和销售，以及伴随生产消费过程中所产生的废弃物的回收及再利用的完整循环活动是企业物流的主要内容，学习本模块应达到如下学习目标：

表 3-1　知识、能力、素养目标一览表

知识目标（认记）	能力目标（思辨）	素养目标（应用）
1. 掌握企业物流的概念； 2. 认识企业物流的作业目标； 3. 了解企业物流的整合框架； 4. 掌握采购物流的概念和环节； 5. 认知采购物流的组织方式； 6. 掌握生产物流的概念和影响因素； 7. 了解生产物流的组织方式； 8. 了解现代生产物流管理思想的发展历程； 9. 掌握销售物流的概念和主要环节； 10. 了解企业销售渠道类型； 11. 认知企业销售物流服务的构成要素； 12. 认知销售物流模式； 13. 认知逆向物流的概念、分类、成因和作用； 14. 认知废弃物物流的概念、意义和最终废弃物的处理方式	1. 能描述企业物流的概念； 2. 能描述企业物流的特点； 3. 能描述采购物流的概念； 4. 能描述生产物流的概念和影响因素； 5. 能描述生产物流系统设计原则； 6. 能描述销售物流的概念和主要环节	1. 具有科学的思辨能力； 2. 具有团队协作意识； 3. 具备良好的沟通能力； 4. 具备科学的分析能力； 5. 具有科学的利用网络收集学习资源的能力； 6. 具有良好的沟通表达能力； 7. 具有科学的归纳总结能力

任务一　认识企业物流

一、企业物流的概念

我国《物流术语》对企业物流的定义为：企业物流是指生产和流通企业围绕其经营活动所发生的物流活动。它从企业的角度研究与之有关的物流活动，几乎所有的工商企业都有物流活动，具体说来工业企业中生产制造企业与商品流通企业中的批发零售企业的物流活动特别显著。

企业物流活动流程如下：采购物流→生产物流→销售物流→逆向物流→

企业废弃物物流，这也是企业物流的内容，见图3-1。

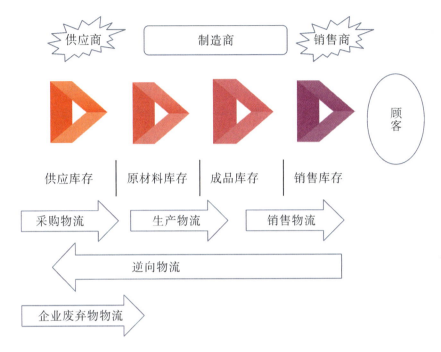

图 3-1　企业物流活动流程

二、企业物流的分类

（一）工业生产企业物流

工业生产企业物流是对应生产经营活动的物流，这种物流有四个子系统，即供应物流子系统、生产物流子系统、销售物流子系统及废弃物物流子系统。

工业生产企业种类非常多，物流活动也有差异，按主体物流活动区分，可大体分为四种：

（1）供应物流突出的类型。这种物流系统，供应物流突出而其他物流较为简单，在组织各种类型工业企业物流时，供应物流组织和操作难度较大。例如，采取外协方式生产的机械、汽车制造等工业企业便属于这种物流系统。

（2）生产物流突出的类型。这种物流系统，生产物流突出而供应、销售物流较为简单。典型的例子是生产冶金产品的工业企业，生产中供应的是大宗矿石，销售的是大宗冶金产品，而从原料转化为产品的生产过程及伴随的物流过程都很复杂，有些化工企业（如化肥企业）也具有这样的特点。

（3）销售物流突出的类型。例如，很多小商品、小五金等生产企业，大宗原材料进货，加工也不复杂，但销售却要遍及全国或很大的地域范围，是属于销售物流突出的工业企业物流类型。此外，如水泥、玻璃、化工危险品等，虽然生产物流也较为复杂，但其销售物流难度更大，一旦出问题也更严重，有时会出现大事故或付出很大代价，因此也包含在销售物流突出的类型中。

（4）废弃物物流突出的类型。有一些工业企业几乎没有废弃物的问题，但也有废弃物物流十分突出的企业，如制糖、选煤、造纸、印染等工业企业，废弃物物流组织得如何几乎决定着企业能否生存。

（二）农业生产企业物流

农业生产企业中农产品加工企业的性质及对应的物流与工业企业是相同的。农业种植企业的物流是农业生产企业物流的代表，这种类型企业的四个物流系统的特殊性是：

（1）供应物流。供应物流以组织农业生产资料（化肥、种子、农药、农业机具）的物流为主要内容。除了物流对象不同外，这种物流和工业企业供应物流类似。

（2）生产物流。种植业的生产物流与工业生产物流区别极大，主要区别有：

第一，种植业生产对象在种植时是不发生生产过程位移的，而工业企业生产对象要不断位移，因此，农业种植业生产物流的对象不需要反复搬运、装放、暂存，而进行上述物流活动的是劳动手段，如化肥、水、农药等。

第二，种植业一个周期的生产物流活动，停滞时间长而运动时间短，而工业企业生产物流几乎是不停滞的。

第三，生产物流周期长短不同，一般工业企业生产物流周期较短，而种植业生产物流周期长且有季节性。

（3）销售物流。销售物流以组织农业产品（粮食、棉花等）的物流为主要内容。销售物流的特点是在诸多功能要素中，对储存功能的需求较高，储存量较大，且储存时间长。

（4）废弃物物流。种植企业的废弃物物流也具有不同于一般工业企业废弃物物流的特殊性，主要表现在以重量计，废弃物物流重量远高于销售物流。

三、企业物流作业的目标

实践表明只有目标明确的企业才能得到迅速的发展，同理，也只有目标明确的企业物流作业才能高效运转起来。企业物流作业的目标包括：快速响应、最低库存、集中运输、最小变异、质量等。

（一）快速响应

快速响应是企业物流作业目标中最基本的要求，它关系到企业能否及时满足客户的服务需求。比如一个远在昆明的客户其公司服务器出现问题宕机，而作为提供服务器备件支援的厂商位于北京，如果客户需要在 6 小时内恢复服务器正常运行，那么快速响应就至关重要。快速响应的能力使企业将物流作业传统上强调的根据预测和存货情况做出计划转向以小批量运输的方式对客户需求做出反应。快速响应要求企业具有流畅的信息沟通渠道和合作伙伴的支持。在上例中若该服务器备件支援厂商在成都或昆明有合作伙伴，那么在 6 小时或更短的时间内解决客户的问题、满足客户需求就更为容易。

（二）最低库存

最低库存是企业物流作业目标中最核心的要求。最低库存的目标同资产占用和相关的周转速度有关。最低库存越少，资产占用就越少；周转速度越快，资产占用也越少，存货占企业资产的比例也就越低。在一定的时间内，存货周转率与存货使用率相关。存货周转率高，可得性高，意味着投放到存货上的资产得到了有效利用。企业物流作业的目标就是要以最低的存货满足客户需求，从而实现物流总成本最低。

随着企业将注意力更多地放在最低库存的控制上，"零库存"之类的概念已经为众多公司接受并得到实际应用。

（三）集中运输

集中运输是企业物流作业中实施运输成本控制的重要手段之一。运输成本与运输产品的种类、运输规模和运输距离直接相关。一般而言，运输量越大、距离越长，单位运输成本就越低。因此将小批量运输集中起来以形成大规模的运输可以降低成本。不过集中运输往往降低了企业物流的响应速度。因此，物流企业必须在集中运输与响应时间之间综合权衡。

（四）最小变异

在企业物流领域，变异是指破坏系统作业表现的任何未预期到的事件。比如空运作业因为天气原因受到影响；铁路运输作业因为地震等灾害受到影响。减少变异的传统解决办法是建立安全存货或是使用高成本的运输方式。不过上述两种方式都将增加物流成本，为了有效地控制物流成本，目前多采用信息技术以实现主动的物流控制，这样变异在某种程度上就可以被降到最低。

（五）质量

物流作业本身就是在不断地寻求客户服务质量的改善与提高。因为一旦物流质量出现问题，物流的运作环节就要全部重新再来。比如运输出现差错或运输途中导致货物损坏，企业不得不对客户的订货重新操作，这样一来不仅会导致成本的大幅增加，而且还会影响到客户对企业服务质量的感知，因此企业物流作业对质量的控制不能有半点马虎。

传统的物流作业要同时达到上述目标比较困难，而激烈的市场竞争又要求全部目标几乎同时满足。因此企业必须对物流作业的各个环节进行高效整合。

四、企业物流的特点

（一）一体化

企业物流的一体化就是将供应物流、生产物流、销售物流等有机地结合起来，以较低的营运成本满足顾客的货物配送和信息需求。它将供应物流、生产物流、销售物流与商流、信息流和资金流进行整合，使现代物流在商品数量、质量、种类、价格、交货时间、地点、方式、包装及物流配送信息等方面都能满足顾客的要求。一体化物流把顾客需求放在第一位，它除了提供优质物流服务外，还承担促进销售、创造顾客需求的职能，分享增值服务的利润。一体化的供应链管理强化了各节点之间的关系，使物流成为企业的核心竞争力和盈利能力。

（二）社会资源整合

经济全球化把物流管理提高到一个前所未有的高度。企业可以利用各国各地区的资源优势，分散生产和销售。这样，现代企业的物流就能延伸到上游供应商和下游消费者在内的各关联主体。企业产成品中，除了涉及核心技术的零部件是自己生产的之外，其他大多数零件、原材料、中间产品都是由供应商提供的，企业这种少库存或零库存的实现需要一个强大的物流系统。物流社会化使企业可利用的物流资源成级数倍增长，经过整合的虚拟物流资源降低了企业自身的基建成本，提高了物流设施的利用率，优化了资源配置，节约了物流费用。

（三）以信息和网络技术为支撑实现企业的快速反应

企业的资源、生产、销售分布在全球市场上，市场的瞬息万变要求企业提高快速反应能力，使物流信息化、网络化成为企业实现其物流管理一个必不可少的条件。通过数字化平台及物流信息的透明度和共享性，企业与上下游节点得以形成紧密的物流联盟。物流信息管理系统包括 ERP（企业资源计划）、MRP（物资需求计划）、WMS（仓库管理系统）、BCP（条码印制系统）和 RP（无线终端识别）等，企业通过物流信息管理系统及时获取并处理供应链上的各种信息，提高对顾客需求的反应速度，降低了流转、结算、库存等成本。

（四）企业物流外包与部分功能的社会化

在工业化高度集中的今天，任何企业的资源都是有限的，不可能在生产、流通各个环节都面面俱到，因此，企业将资源集中到主营的核心业务，将辅助性的物流功能部分或全部外包不失为一种战略性的选择。

任务二　走进采购物流

一、采购物流的概念

我国《物流术语》对采购物流的定义为：采购物流是指提供原材料、零部件或其他物品时发生的物流活动，包括原材料等一切生产物资的采购、进货运输、仓储、库存管理和供应管理，也称为原材料采购物流。

采购物流是企业物流系统中独立性较强的子系统，并且和生产系统、财务系统等生产企业各部门以及企业外部的资源市场、运输部门有密切的联系。采购物流是企业为保证生产节奏，不断组织原材料、零部件、燃料、辅助材料供应的物流活动，这种活动对企业生产的正常、高效率进行发挥着保障作用。企业采购物流不仅要实现保证供应的目标，而且要在低成本、少消耗、高可靠性的限制条件下组织采购物流活动，因此难度很大。

二、采购物流的环节

采购物流过程因不同企业、不同供应环节和不同的供应链而有所区别，这个区别使企业的采购物流出现了许多不同种类的模式。尽管不同的模式在某些环节具有非常复杂的特点，但是采购物流的基本流程是相同的，其过程有以下几个环节。

（一）取得资源

取得资源是完成以后所有供应活动的前提条件。取得什么样的资源是核心生产过程提出来的，同时也要按照采购物流可以承受的技术条件和成本条件辅助这一决策。

（二）组织到厂物流

所取得的资源必须经过物流才能到达企业。这个物流过程是企业外部的物流过程，在物流过程中，往往要反复经过装卸、搬运、储存、运输等物流活动才能使取得的资源到达企业的门口，见图3-2。

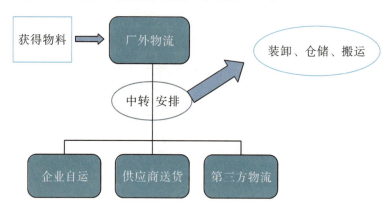

图3-2　到厂物流

（三）组织厂内物流

如果企业外物流到达企业的"门"，便以"门"作为企业内外的划分界限，例如以企业的仓库为外部物流终点，便以仓库作为划分企业内、外物流的界限。这种从"门"和仓库开始继续到达车间或生产线的物流过程，称作采购物流的企业内物流。传统的企业采购物流，都是以企业仓库为调节企业内外物流的一个结点。因此，企业的供应仓库在工业化时代是一个非常重要的设施。

三、采购物流的管理与控制

（一）采购物流的管理

采购流程的控制是采购物流管理的核心。控制的目的在于提高采购效率，降低采购成本，在通常的业务流程中，要特别关注四个环节性控制点，即采购计划供应商选择、采购合同、付款。

1. 采购计划

采购计划是采购经济活动的基本依据，是控制盲目采购的有效措施，更是搞好现金流量预测的有力手段。控制采购流程的首要任务就是根据生产计划、物料需求计划、资金条件、采购手段等信息，严谨编制计划，严格执行计划，一定做到无采购计划则不采购。

2. 供应商选择

供应商的好坏对保证生产供应，确保采购货品质量和交货十分重要。对评估供应商的条件和指标，万万不能放松、低就。对老供应商不能降标准，对新供应商必须严格把关。

3. 采购合同

采购合同是企业生产用料的法律保证文件，丝毫不能马虎。采购人员辛苦劳动的成果就是购销双方签订的合同条款。供应商是否按合同所规定的质量、时间、数量等条款供货对企业生产有重要影响，也是对企业寻找合格供应商的考验。要严格管理订单，对经预测可能推迟交货的供应商要及时催货，以免交货太迟贻误生产。

4. 付款

付款是采购业务的最后一个环节。它的前提是确认采购验收业务确实完结，即物料经验收确认无误后才能付款。一定要在入库之前杜绝供应商错发、误发、少发等事故。采购员持采购发票去财务报销时，必须对进货逐笔核对，确认无误并在发票上签字再经领导审批后，方可报销。

（二）库存管理方法

自有生产以来，存储物料的仓库就出现了，现代采购物流的流程中均离不开库存职能，企业按销售订单安排生产计划，制订采购计划，下达采购订单并采购，这与到货有一定时间差，须有安全库存存在，这就是库存稳定生产的作用。库存的管理一般有如下两种方法：

1. 库存管理分类法

库存管理分类法即 ABC 分类法，此法有利于企业进行市场预测和现场控制。对库存物料分类不局限于三类，但最多不超过五类。分类的目的在于控制。对关键少数 A 类应重点管理，对 B 类应次重点管理，对次要多数 C 类则只做一般管理。

2. CVA 管理法

CVA 管理法即关键性因素分析法，是将库存物料管理措施按关键性分成四类：最高优先级、较为优先级、中等优先级、较低优先级。要求分别为不许缺货，可偶尔缺货，合理范围内缺货，允许缺货。

（三）供应物流的服务方式

供应物流领域新的服务方式主要有以下三种：

1. 准时供应方式

在买方市场环境下，供应物流活动的主导者是买方。购买者（用户）

有极强的主动性，用户企业可以按照最理想方式选择供应物流；而供应物流的承担者，必须提供最优的服务才能够被用户所接受。从用户企业一方来看，准时供应方式是一种比较理想的方式。

准时供应方式是按照用户的要求，在计划的时间内或者在用户随时提出的时间内，实现用户所要求的供应。准时供应方式大多是双方事先约定供应的时间，互相确认时间计划，因而有利于双方做供应物流和接货的组织准备工作。

采用准时供应方式，可以派生出零库存方式、即时供应方式、到线供应方式等多种新的服务方式。

2. 即时供应方式

即时供应方式是准时供应方式的一个特例，是完全不依靠计划时间而按照用户随时提出的时间要求进行准时供应的供应方式。这种方式一般作为应急的方式采用。

在网络经济时代，由于电子商务的广泛开展，在电子商务运行的过程中，最基本消费者所提出的服务要求，大多缺乏计划性，而又有严格的时间要求，所以在新经济环境下，这种供应方式有被广泛采用的趋势。需要说明的是，这种供应方式由于很难实现计划和共同配送，所以一般成本较高。

（3）看板方式

看板方式是准时供应方式中的一种简单有效的方式，也称为传票卡制度或卡片制度，是日本丰田公司首先采用的。在企业的各工序之间，或在企业之间，或在生产企业与供应者之间，采用固定格式的卡片为凭证，由下一环节根据自己节奏逆生产流程方向，向上一环节提出供应要求从而协调关系，做到准时同步。采用看板方式有可能使供应库存实现零库存。

任务三　走进生产物流

一、生产物流的概念

（一）生产物流的定义

我国《物流术语》对生产物流的定义为：生产物流是指制造企业在生产过程中，原材料、在制品、半成品、产成品等的物流活动。

（二）生产物流多层分析

生产物流是企业物流的关键环节，从物流的范围分析，企业生产系统中物流的边界起于原材料、外购件的投入，止于成品仓库。它贯穿生产全过程，横跨整个企业（车间、工段），其流经的范围是全厂性的、全过程的。物料投入生产后即形成物流，并随着时间进程不断改变自己的实物形态（如加工、装配、储存、搬运、等待状态）和场所位置（各车间、工段、工作地、仓库）。

从物流属性分析，企业生产物流是指生产所需物料在时间和空间上的运动全过程，是生产系统的动态表现。换言之，物料（原材料、辅助材料、零配件、在制品、成品）经历生产系统各个生产阶段或工序的全部运动过程就是生产物流。

从生产工艺角度分析，生产物流是指企业在生产工艺中的物流活动，即物料不断地离开上一工序，进入下一工序，不断发生搬上搬下、向前运动、暂时停滞等活动。这种物流活动是与整个生产工艺过程伴生的，实际上已构成了生产工艺过程的一部分。

因此，生产物流是企业生产活动与物流活动的有机结合，对生产物流流程的优化设计离不开对企业生产因素的考虑，二者是不可分割的。生产物流的优化设计主要从三个方面入手：第一，生产流程对物流线路的影响；第二，生产能力对物流设施配备的要求；第三，生产节拍对物流量的影响。

二、生产物流的影响因素

由于生产物流的多样性和复杂性，以及生产工艺和设备的不断更新，如何更好地组织生产物流，是物流研究者和管理者始终追求的目标。只有合理组织生产物流过程，才能使生产过程始终处于最佳状态。

生产工艺——对生产物流有不同要求和限制。

生产类型——影响生产物流的构成和比例。

生产规模——影响物流量大小。

专业化和协作化水平——影响生产物流的构成与管理。

三、生产物流系统的设计原则

（一）最小移动距离

尽量缩短物料及各种零部件的移动距离，使各类活动能够紧密衔接、合理地进行，避免迂回和交叉。

（二）综合性

生产物流系统设计应站在全局的立场，考虑工厂的长远发展，不仅要考虑物流系统各功能之间的协调发展，而且要考虑规模、能力、质量、管理等的需要。

（三）集装单元化

采用集装单元的方式，开展装卸、搬运、保管、运输等活动。

四、生产物流的组织形式

从原材料投入到成品出产的整个物流过程，通常包括工艺过程、检验过程、运输过程、等待停歇过程等。生产效率一般从空间、时间和人员三个角度组织企业生产物流。

（一）生产物流的空间组织

生产物流的空间组织是相对于企业生产区域而言的，其目标是缩短物料在工艺流程中的移动距离。生产物流空间组织形式一般有三种专业化组织形式，即工艺专业化、对象专业化、成组工艺。

1. 按工艺专业化形式组织生产物流

工艺专业化形式也叫工艺原则或功能生产物流体系，其特点是按加工工艺的特点划分生产单位，将同类设备和人员集中在一个地方以便对企业将要生产的各种产品进行相同工艺的加工。通过工艺导向布局进行空间安排的目的是尽量减少与距离相关的成本。

在企业生产规模不大、生产专业化程度较低、产品品种不稳定的小批量生产条件下可按工艺专业化形式组织生产物流。

2. 按对象专业化形式组织生产物流

对象专业化形式也叫产品专业化原则或流水线，它是以加工产品（零部件）为对象划分生产单位，通过固定制造某种部件或某种产品的封闭车间，其设备、人员按加工或装配的工艺过程布置。

在企业专业化方向已经确定、产品品种较为稳定、生产类型属于大批量生产、设备比较齐全的条件下，适合按对象专业化形式组织生产物流。

3. 按成组工艺形式组织生产物流

成组工艺形式结合了上述两种形式的特点，是指按成组技术管理，把完成一组相似零件的所有或几大部分加工工序的多种机床组成机器群，以此为一个单元，并根据其加工路线在其周围配置其他必要的设备。

（二）生产物流的时间组织

生产物流的时间组织是指生产过程中各生产单位、各道工序之间时间流动的衔接和结合方式。要合理组织生产物流，不但要缩短物料流程的距离，而且还要加快物料流动速度，降低物料的成批等待间隔，实现物流的节奏性、连续性。通常物料的生产物流有三种典型的移动组织方式，即顺序移动、平行移动和平行顺序移动。

（1）顺序移动方式是指一批零部件在上道工序的加工全部完成以后，整批地移送到下一道工序进行加工的移动方式。其特点是零部件在各道工序之间的整批移动，工序之间移动是顺次、连续的，每个零部件都有明显的等待加工时间。

（2）平行移动方式是指每个零部件在上道工序的加工结束以后，立即转入下道工序进行加工。其特点是一批零件同时在各道工序上平行地进行加工，缩短了生产周期，但是在下道工序加工完毕前会有一部分停歇时间。

（3）平行顺序移动方式是指一批零部件在一道工序上尚未全部加工完毕，就将已加工好的一部分零部件转入下道工序加工，以恰好能使下道工序连续地全部加工完该批零部件为条件。

（三）生产物流的人员组织

生产物流的人员组织主要体现在人员的岗位设计方面，达到生产物流空间、时间两方面的特定目标和要求，必须对工作岗位进行相应的设计，以保证生产物流优化通畅。

1. 人员组织的原则

劳动费用越来越高的今天，降低劳务费用是降低成本的一个重要方面。达到这一目的的一种方法是提高个人生产效率，即根据生产量的变动，弹性地增加各生产线的作业人数以及尽量用较少的人力完成生产任务。

2. 人员组织内容

根据个人的行为、心理特征，岗位设计应符合工作者的工作动机需求，比如：扩大工作范围、丰富工作内容、设定合理的工作负荷、优化环境等。

五、现代生产物流管理

现代生产物流管理思想的发展历程是 MRP→CloseMRP→MRPII→ERP。

1. MRP（物料需求计划）

MRP 即 "material requirement planning" 的缩写，是被设计并用于制造业库存管理、信息处理的系统，MRP 思想的提出解决了物料转化过程中的几个关键问题：何时需要？需要什么？需要多少？它不仅在数量上解决了缺料问题，更关键的是从时间上解决了缺料问题。MRP 涉及的原则是适时物流原则，即在需要的时间生产或采购需要的数量。MRP 能根据有关数据计算出相关物料需求的准确时间（生产进度日程或外协、采购日程）与数量，为生产过程的物流计划安排和控制提供方便。

MRP 的缺陷在于没有考虑企业内部资源是否有能力实现计划。

2. CloseMRP（闭环物料需求计划）

人们把有关的能力需求、车间产生作业计划和采购方面的情况考虑进去，形成了有反馈功能的闭环物料需求计划，采用计划→执行→反馈的管理逻辑，有效地对生产各项资源进行规划和控制。它的缺点在于不能反映企业的经济效益。

3. MRPII（制造资源计划）

人们把与 MRP 各环节有关的财务状况反映进来，拓展了 Close MRP 的功能，并将其称为 MRPII。MRPII 的优点在于可在周密的计划下有效地利用各种制造资源，控制资金占用，缩短生产周期，降低成本，提高生产率，实现企业制造资源的整体优化。MRPII 同 MRP 的主要区别在于前者运用管理会计的概念，用货币形式说明了执行企业"物料计划"带来的效益，实现了物料信息同资金信息的集成。MRPII 的缺点在于缺乏与外部的整合，仅适用于传统的制造业。

4. ERP（企业资源计划）

进入 20 世纪 90 年代，MRPII 得到了蓬勃发展，不仅应用于汽车、电子等行业，也应用于化工、食品等行业。随着信息技术的发展，ERPII 系统的功能也在不断地增强、完善与扩大，向企业资源计划（ERP）发展。ERP 是一个高度集成的信息系统，它体现了物流信息同资金流的集成。

ERP 的核心思想是在 MRPII 的基础上发展起来的，是一个高度集成的信息系统，它体现了物流、信息流、资金流的集成。ERP 把客户需求、企业内部生产活动以及供应商的制造资源整合在一起，体现了按用户需求制造的理念。

任务四　走进销售物流

一、销售物流的概念

我国《物流术语》对销售物流的定义是：销售物流是指企业在出售商品过程中所发生的物流活动，也就是企业在销售产品过程中，将产品的所有权转给用户的物流活动，是产品从生产地到用户的空间的转移，以实现企业销售利润为目的。销售物流是包装、运输、储存等诸环节的统一。

二、销售物流的主要环节

销售物流合理化的基本思路是在商流、物流分离的前提下，优化物流系统。销售物流的合理化必须将成品的包装、仓储、运输与配送视为一个系统统筹考虑。其主要环节如下：

（一）产品包装

产品销售包装的作用是展示、吸引顾客、方便零售。产品包装的作用是保护商品、便于运输、装卸搬运和储存。

（二）产品储存

储存是满足客户对商品可得性需求的前提。通过仓储规划、库存管理与控制、仓储机械化等，提高仓储物流工作效率，降低库存水平，提高客户服务水平，帮助客户管理库存，有利于稳定客源，便于与客户长期合作。

（三）货物运输与配送

运输解决货物在空间位置上的位移。配送在局部范围内对多个用户实行单一品种或多品种的按时按量送货。通过配送，客户可以得到更高水平的服务，企业可以降低物流成本，减少城市的环境污染。要考虑制订配送方案提高客户服务水平的方法和措施。

（四）装卸搬运

在装卸搬运环节主要考虑：提高机械化水平，减少无效作业，集装单元化，提高机动性能，利用重力和减少附加重量，各环节均衡、协调，系统效率最大化。

（五）流通加工

在流通加工环节主要考虑：流通加工的方式、成本和效益，与配送的结合运用，废物再生利用等。

（六）订单及信息处理

客户在考虑批量折扣、订货费用和存货成本的基础上合理地频繁订货，企业若能为客户提供方便、经济的订货方式，就能吸引更多的客户。

（七）销售物流网络规划与设计

销售物流网络是以配送中心为核心，从生产厂出发，经批发中心、配送中心、中转仓库等，一直到客户的各个物流网点的网络系统。规划与设计销售物流网络时主要考虑市场结构、需求分布、市场环境等因素，见图3-3。

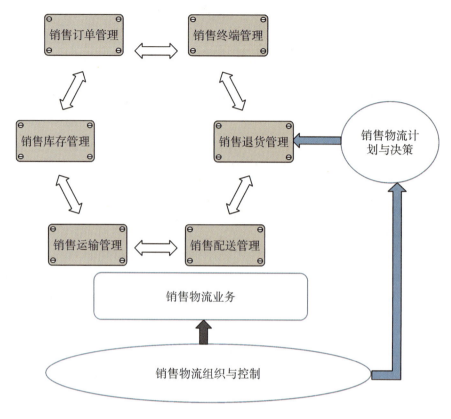

图 3-3　销售物流网络

三、企业销售物流渠道的类型

根据产品、市场和企业自身因素，企业销售物流渠道分为直接渠道和间接渠道两种基本类型。

（一）直接渠道

直接渠道是生产企业不通过中间环节，直接将产品销售给消费者。直接渠道是工业产品分销的主要类型。例如大型设备、专用工具及技术复杂需要提供专门安装调试和维护的产品均采用直接渠道。

直接渠道：制造商→消费者。

（二）间接渠道

间接渠道是指企业通过中间环节向消费者销售产品。根据中间环节的多少，间接渠道可分为以下三种分销渠道：

（1）一级渠道：一般由制造商、零售商或批发商、消费者构成。

（2）二级渠道：一般由制造商、批发商、零售商、消费者构成。

（3）三级渠道：一般由制造商、代理商、批发商、零售商、消费者构成。

直接渠道的初始建设成本比较高，但销售渠道形成之后成本较低；间接渠道的初始建设成本低，但后期运营成本高。企业可以根据产品特性和市场销售情况，将直接渠道和间接渠道结合起来，形成混合渠道。

四、企业销售物流服务的构成要素

为客户提供快速的、满意的物流服务，需要从以下几个方面考虑：

（一）订货周期（时间要素）

订货周期指从客户确定对某种产品有需求到需求被满足之间的时间间隔。企业订货周期的缩短标志着企业销售物流管理水平的提高。

订货周期的影响变量：订单传送时间、订单处理时间、订货准备时间、订货装运时间。目前很多企业对物流服务要求的标准水平，用现代服务业的行话说，即从"97-3"提到"98-2"，其含义是：97%的企业要求物流服务时效从 3 天 72 小时，提高到 98%的企业要求物流服务时效 2 天 48 小时。很多企业接到生产指令后，从原材料供给到送达供应商手中的周期仅为 48 小时。

（二）可靠性

可靠性指企业根据客户订单要求，按照预定的提前期，安全地将订货送达客户指定的地点。可靠性包括提前期的可靠性、安全交货的可靠性、正确供货的可靠性等方面。"97-3"到"98-2"的含义除了上文提及的时效要求外，另一个含义就是要求差错率由 3%下降到 2%，因此企业在销售物流的整个过程中要保证产品在预定的时间，以足够的数量及质量送到客户手中。

当客户收到的货物与所订货物不符时，将给客户造成停工待料损失或不能及时销售产品而错失销售机会的损失。销售物流领域中，订货信息的传送和订货挑选可能影响企业的正确供货。为了做到正确供货，在订货信息传输阶段，使用电子数据交换（ED）系统，可以大大降低出错率。

（三）信息渠道（通信）

当前企业与客户之间的关系已经由原来的短期买卖关系转变为长期合作伙伴关系，双方获取的是"双赢"。企业和客户要达到双赢就需要双方都尽心尽力地为销售产品努力。因此，企业与客户之间要经常沟通，沟通的方便与否直接影响到销售的状况，且信息应对所有用户开放和共享。

（四）方便性

方便性是指服务水平必须灵活便利。从销售物流服务的观点来看，所有客户对销售物流服务有相同的要求，有一个或几个标准的服务水平适用于所有客户是最理想的，但却是不现实的。为了更好地满足客户需求，就必须确认客户的不同要求，根据客户规模、区域分布、购买的产品及其他因素将客户需求进行细分，为不同客户提供适宜的服务水平，这样可使物流管理者针对不同客户以最经济的方式满足其服务需求。

五、销售物流的模式

销售物流有三种主要的模式，生产企业自己组织销售物流、第三方物流企业组织销售物流、用户自己提货的形式。

（一）生产企业自己组织销售物流

这既是在买方市场环境下主要的销售物流模式之一，也是我国当前绝大部分企业采用的物流形式。

生产企业自己组织销售物流，实际上把销售物流作为企业生产的延伸或者看成生产的继续。企业销售物流成了生产企业经营的一个环节，而且这个经营环节是和用户直接联系，直接面向用户提供服务的一个环节。在企业从"以生产为中心"转向"以市场为中心"的情况下，这个环节逐渐变成了企业的核心竞争环节，已经不再是生产过程的继续，而是企业经营的中心，生产过程变成了这个环节的支撑力量。

生产企业自己组织销售物流的好处在于可以将自己的生产经营和用户直接联系起来，信息反馈速度快、准确程度高、信息对于生产经营的指导作用和目的性强。企业往往把销售物流环节看成是开拓市场、进行市场竞争中的一个关键环节，尤其是在买方市场的情况下格外看重这个环节。

如果生产企业规模可以达到销售物流的规模效益，采取生产企业自己组织销售物流的办法是可行的，但不一定是最好的选择。主要原因在于：一是生产企业的核心竞争力在于商品的开发，销售物流可能占用过多的资源和管理力量，对核心竞争能力造成影响；二是生产企业销售物流的专业化程度有限，自己组织销售物流缺乏优势；三是一个生产企业的规模终归有限，即便是分销物流的规模达到经济规模，延伸到配送物流之后也很难再达到经济规模，因此可能反过来影响更广泛、更深入地开拓市场。

（二）第三方物流企业组织销售物流

由专门的物流服务企业的销售物流，实际上是生产企业将销售物流外包，将销售物流社会化，由第三方物流企业承担生产企业的销售物流，这种方式最大的优点在于第三方物流企业是社会化的物流企业，它向很多生产企业提供物流服务，因此既可以将企业的销售物流和企业的供应物流一体化，也可以将很多企业的物流需求一体化，采取统一解决的方案，这样可以做到专业化和规模化，这两者可以从技术方面和组织方面强化成本的降低和服务水平的提高。在网络经济时代，这种模式是一个发展趋势。

（三）用户自己提货的形式

这种形式实际上是将生产企业的销售物流转嫁给客户，变成了用户自己组织供应物流的形式。对销售方来讲，已经没有了销售物流的职能。这是在计划经济时期广泛采用的模式，现在除非遇到十分特殊的情况，这种模式已不再具有生命力。

任务五　走进逆向物流与废弃物物流

一、逆向物流

（一）逆向物流的概念

我国《物流术语》对逆向物流的定义为：逆向物流也叫反向物流，是指从供应链下游向上游的运动所引发的物流活动。

逆向物流的表现是多样化的，从使用过的包装到废旧电脑，从未售商品的退货到机械零件等。也就是说，逆向物流包含来自客户手中的产品及其包装品、零部件、物料等物资的流动。简而言之，逆向物流就是从客户手中回收用过的、过时的或者损坏的产品和包装开始直至最终处理环节的过程。但是现在越来越被普遍接受的观点是：逆向物流是在整个产品生命周期中对产品和物资完整的、有效的和高效的利用过程的协调。然而，对产品再使用和循环的逆向物流控制研究却是最近十年才开始被认知和展开的。

1. 按回收物品的渠道分类

按回收物品的渠道分类（图3-4），逆向物流可分为退货逆向物流和回收逆向物流两部分。退货逆向物流是指下游顾客将不符合订单要求的产品退给上游供应商，其流程与常规产品流向正好相反。回收逆向物流是指最终顾客所持有的废旧物品回收到供应链上各节点企业。

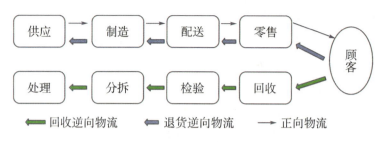

图 3-4　按回收物品的渠道分类

2. 按材料的物理属性分类

按材料的物理属性，逆向物流可分为钢铁和有色金属制品逆向物流、橡胶制品逆向物流、木制品逆向物流、玻璃制品逆向物流等。

3. 按成因、途径和处置方式及产业形态分类

按成因、途径和处置方式的不同，逆向物流可分为投诉退货、终端使用退回、商业退回、维修退回、生产报废与废品以及包装六大类。

（二）逆向物流的成因

对于企业而言，逆向物流往往出于以下动机：环境管制、经济利益（体现在废弃物处理费用的减少、产品寿命的延长、原材料等部件的节省等方面）和商业考虑。因此，管理者首先应认识到逆向物流的重要性和价值，其次要在实际运作中考虑如何给予逆向物流以资源和支援，这才是发挥竞争优势的关键。

近年来，随着电子商务的快速发展，物流业已从传统的流通业中独立出来并日益受到人们的关注，而随着人们环保意识的增强，环保法规约束力度的加大，逆向物流的经济价值也逐步显现。在我国经济发展水平较为落后的时期和地区，厉行节约理所当然是首要选择，空桶、空瓶、废旧钢铁、零部件、纸张、衣物等的重复利用是一种司空见惯的社会生活现象。因此服务于废品回收再利用的逆向物流并不是什么新事物。现在对环境保护高度重视，逆向物流有了新的含义，如耐用产品和耐久消费包装。新的资源再生利用技术的研究与推广大大降低了处理回收物品的成本，使逆向物流不仅仅意味着成本的降低，而且由于它能带来资源的节约，就意味着经济效益、社会效益和环境效益的共同增加。

（三）逆向物流的作用

1. 提高潜在事故的透明度

逆向物流在促使企业不断改善品质管理方面具有重要的地位。ISO9001将企业的品质管理活动概括为一个闭环式活动：计划→实施→检查→改进，

逆向物流恰好处于检查和改进两个环节上，承上启下作用于两端。企业在退货中暴露出的品质问题，将透过逆向物流信息系统不断传达到管理层，提高潜在事故的透明度。管理者可以在事前不断改进品质管理以消除产品的不良隐患。

2. 提高顾客价值

在当今顾客驱动的经济环境下，顾客价值是决定企业生存和发展的关键因素。众多企业通过逆向物流提高顾客对产品或服务的满意度，赢得顾客的信任从而增强其竞争优势。对于最终顾客来说，逆向物流能够确保不符合订单要求的产品及时退货，有利于消除顾客的后顾之忧，增加其对企业的信任感及回头率，扩大企业的市场份额。如果一个公司要赢得顾客，那么它必须保证顾客在整个交易过程中心情舒畅，而逆向物流战略是达到这一目标的有效手段。另外，对于供应链上的企业客户来说，上游企业采取宽松的退货策略能够降低下游客户的经营风险，改善供需关系，促进企业间战略合作，强化整个供应链的竞争优势。特别是对于过时性风险比较大的产品，退货策略所带来的竞争优势更加明显。

3. 降低物料成本

减少物料耗费、提高物料利用率既是企业成本管理的重点，也是企业增效的重要手段。然而，传统管理模式的物料管理仅仅局限于企业内部物料，不重视企业外部废旧产品及其物料的有效利用，造成大量可再用资源的闲置和浪费。由于废旧产品的回购价格低、来源充足，对这些产品回购加工可以大幅度降低企业的物料成本。

4. 改善环境行为

随着生活水平和文化素质的提高、环境意识的日益增强，人们的消费观念发生了巨大变化，对环境的期望越来越高。另外，由于不可再生资源的稀缺以及对环境污染日益加重，各国都制定了环境保护法规，对企业的环境行为加以约束。企业的环境业绩已成为评价企业运营绩效的重要指标。为了改善企业的环境行为，提高企业在公众中的形象，许多企业纷纷采取逆向物流战略以减少产品对环境的污染及资源的消耗。

二、废弃物物流

（一）废弃物物流的概念

我国《物流术语》对废弃物物流的定义为：废弃物物流是指将经济活动中失去原有使用价值的物品，根据实际需要进行收集、分类、加工、包装、搬运、储存等，并分别送到专门处理场所时所形成的物品实体流动。

废弃物有生产过程中产生的边角余料，或由于制作错误产生的不能再使用的材料，有流通过程产生的废弃包装材料，也有在消费后产生的废弃物，如家庭垃圾、办公室垃圾等。这些废弃物一部分可回收并再生利用，称为再生资源，形成回收物流。另一部分在循环利用过程中，基本或完全丧失了使用价值，形成无法再利用的最终废弃物。废弃物经过处理后返回自然界，形成废弃物物流。回收物流与废弃物物流不能直接给企业带来效益，但非常有发展潜力。

（二）废弃物物流的意义

1. 从社会资源有限性分析

人类社会所需要的各种物资均来自自然界。随着人类社会的进步，人们生活水平的提高和消费需求的多样化，人类对自然资源的采掘量增大，一些自然界不可再生的资源在逐渐减少，因此就资源稀缺性的角度考虑，人类必须考虑资源保护和对再生性废弃物的回收再利用。由此而形成的废弃物物流的研究与实践，对整个社会文明的发展有积极的推动作用。

2. 从环境保护的角度分析

废弃物中除了一部分可回收利用外，其余部分已丧失了使用价值，而且很多生产垃圾中含有对人体有害的物质，如果不及时有效处理，必将影响人们的整个生活环境，尤其是在城市这种人口密度大、企业数量多、废弃物排放量高的地方。不处理直接排放到自然界中的废弃物，会严重影响到土壤、植被和饮用水源。因此必须对废弃物进行处理，使其资源化，成为有利可图的产业并逐渐市场化。这不但可实现废物再生产，而且可增加就业人口，这些已经开始在一些发达国家实施，因此很有研究价值。

3. 从可持续发展的观点分析

从宏观层次上看，可持续发展思想的实质是追求人与自然的和谐。1987年世界环境与发展委员会在《我们共同的未来》的报告中对"可持续发展"给出的定义是可持续发展就是在满足当代人的各种需要的同时，不会使后代满足他们自身需要的能力受到损害。自20世纪90年代起可持续发展就已成为全人类的共识。正因为人们已经认识到社会资源的有限性，所以也就有了"循环经济"的提法，即"资源→产品→再生资源"。从国家长远发展的观点出发，废弃物的有效处理必须加强。

（三）最终废弃物的处理方式

1. 废弃物掩埋

大多数企业对企业产生的最终废弃物，是在政府规划地区利用原有的废弃坑塘或用人工挖掘出的深坑将其运来倒入、表面用好土掩埋，其优点是不形成堆场、不占地、不露天污染环境，可防止异味对空气造成污染，缺点是挖坑填埋要有一定投资，在未填埋期间仍有污染。

2. 垃圾焚烧

垃圾焚烧是指在一定地区用高温焚烧垃圾。这种方式只适用于有机物含量高的垃圾或经过分类处理后将有机物集中的垃圾。

3. 垃圾堆放

在远离城市地区的沟、坑、塘、谷中，选择合适的位置直接倒垃圾，也是一种废弃物处理方式

4. 净化处理加工

净化处理加工是对垃圾（废水、废物）进行净化处理，减少垃圾对环境危害的废弃物处理方式。

模块四

走进第三方物流

物流企业（logistics enterprise）指从事物流活动的经济组织，至少从事运输（含运输代理、货物快递）或仓储一种经营业务，并能够按照客户物流需求对运输、储存、装卸、包装、流通加工、配送等基本功能进行组织和管理，具有与自身业务相适应的信息管理系统，实行独立核算、独立承担民事责任的经济组织。本模块主要学习第三方物流企业的相关知识和内容，通过本模块的学习，达到如下学习目标，如表4-1所示。

表4-1　知识、能力、素养目标一览表

知识目标（认记）	能力目标（思辨）	素养目标（应用）
1. 认识第三方物流企业； 2. 了解第三方物流的发展方向； 3. 熟知第三方物流的特点； 4. 理解第三方物流为企业带来的价值	1. 能识别第三方物流企业的类型； 2. 能说出第三方物流的行业现状、发展趋势； 3. 能区分物流企业和企业物流	1. 具有科学的思辨能力； 2. 具有团队协作意识； 3. 具备良好的沟通能力； 4. 具备科学的分析能力 5. 具有科学的归纳总结能力； 6. 具有科学的利用网络搜集学习资源的能力； 7. 具有良好的沟通表达能力

任务一　识别第三方物流企业

一、认识第三方物流企业

第三方物流是指由物流劳务的供方、需方之外的第三方去完成物流服务的物流运作方式。第三方就是指提供物流交易双方的部分或全部物流服务的外部提供者。从某种意义上讲，它是物流专业化的一种形式。

二、第三方物流企业的分类

（一）按第三方物流企业来源构成分类

1. 在传统仓储、运输、货代等企业的基础上改造转型而来的第三方物流企业

目前这类物流企业占主导地位，占据较大的市场份额。

2. 从工商企业原有物流服务职能剥离出来的第三方物流企业

这类企业利用原有的物流网络资源，依靠与客户先天的亲密合作关系，运用现代经营管理理念，逐步走向专业化、社会化。

3. 不同企业、部门之间物流资源互补式联营而来的第三方物流企业

（1）企业与第三方物流公司联营设立第三方物流公司。企业一般以原有物流资源入股，企业对该新第三方物流公司有一定的控股权，并在一定程度上参与经营，物流公司一般对合资建立的第三方物流公司行使经营的权力，全面建立、运行公司的物流系统。

（2）能够资源互补的不同部门联手进军物流领域。

4. 新创办的第三方物流公司

随着我国经济的发展，出现了大量新创立的现代物流企业。这些企业多为民营企业或中外合资企业。

（二）按第三方物流企业的资本归属分类

1. 外资和中外合资第三方物流企业

外资和中外合资第三方物流企业以独资和合资方式进入中国物流领域，具有丰富的行业知识和实际运营经验，与国际物流客户有良好的关系，有先进的信息技术管理系统，还有来自总部的强有力的财务支持。

2. 民营第三方物流企业

我国民营第三方物流企业多成立于 20 世纪 90 年代以后，是物流行业中最具朝气的第三方物流企业。它们的业务地域和客户相对集中，效率较高，机制灵活，发展迅速。

3. 国有第三方物流企业

我国多数国有第三方物流企业是借助原有物流资源发展而来的。近年来，也诞生了一些新的国有第三方物流企业。

（三）按第三方物流企业物流服务功能的主要特征分类

（1）运输型物流企业。运输型物流企业是指从事货物运输服务为主，包含其他物流服务活动，具备一定规模的实体企业。运输型物流企业的主要业务活动是为客户提供门到门运输、门到站运输、站到门运输、站到站运输等一体化服务。

根据客户需求，运输型物流企业也可以提供物流功能一体化服务。

（2）仓储型物流企业。仓储型物流企业是指从事区域性仓储型服务为主，包含其他物流服务活动，具备一定规模的实体企业。仓储型物流企业以为客户提供货物存储、保管、中转等仓储服务以及配送服务为主，还可以为客户提供其他仓储增值服务，如商品经销、流通加工等。

（3）综合服务型物流企业。综合服务型物流企业是指从事多种物流服务活动，并可以根据客户的需求，提供物流一体化服务，具备一定规模的实

体企业。综合服务型物流企业业务范围广泛，可以为客户提供运输、货运代理、仓储、配送等多种物流服务，并能够为客户提供一类或几类产品契约性一体化物流服务，为客户定制整合物流资源的解决方案，提供物流咨询服务。

（四）按第三方物流企业资源占有多少分类

1. 资产基础型第三方物流公司

这类企业有自己的运输、仓储设施设备，包括车辆、仓库等，为各个行业的用户提供标准的运输或仓储服务。我国大部分第三方物流企业都属于资产基础型第三方物流公司，拥有自己的物流设施与设备。

2. 非资产型第三方物流公司

这类企业是一种物流管理公司，不拥有自己的运输、仓储设施设备，通过租赁方式或其他方式取得这类资产，只利用企业员工对网络的专业知识和管理系统，专业管理顾客的各种物流功能，为客户提供第三方物流服务。

三、第四方物流企业

第四方物流（fourth party logistics，4PL）专门为第一方物流、第二方物流和第三方物流提供物流规划、咨询、物流信息系统、供应链信息系统、供应链管理服务。与第三方物流注重实际操作相比，第四方物流更多地关注整个供应链的物流活动。

第四方物流的基本功能包括：

（1）供应链管理功能，即管理从货主、托运人到用户、顾客的供应全过程。

（2）运输一体化功能，即负责管理运输公司、物流公司之间在业务操作上的衔接与协调。

（3）供应链再造功能，即根据货主、托运人在供应链战略上的要求，及时改变或调整战略战术，使其经常处于高效率的运作之中。第四方物流的关键是以"行业最佳的物流方案"为客户提供服务与技术。

思辨分析

1. 你对第三方物流了解多少？在你生活的地区，哪些企业是典型的第三方物流企业？

2. 在日常生活中，你接触过第三方物流活动吗？都有哪些？

3. 据你了解，哪些企业里有自己的物流部门？哪些企业可以称为物流企业？

4. 你们当地的第三方物流公司，按物流服务功能分类属于哪一类？按资本来源分类属于哪一类？

应用拓展

对上述问题，以小组为单位进行展示：

1. 每组派一名代表将小组讨论的结果向全班讲解。

2. 每组派一名代表以 PPT 形式对分析的结果进行讲解。

任务二　了解第三方物流的特点及价值

一、第三方物流的特点

（一）关系契约化

首先，第三方物流是通过契约形式来规范物流经营者与物流消费者之间的关系的。物流经营者根据契约规定的要求，提供多功能直至全方位一体化物流服务活动及其过程。其次，第三方物流发展物流联盟也是通过契约的形式来明确各物流联盟参加者之间的权责利关系的。

（二）服务个性化

首先，不同的物流消费者存在不同的物流服务需求，第三方物流需要根据不同物流消费者在企业形象、业务流程、产品特征、顾客需求特征、竞争需要等方面的不同要求，提供针对性强的个性化物流服务和增值服务。其次，从事第三方物流的物流经营者也因为市场竞争、物流资源、物流能力的影响需要形成核心业务，不断强化所提供物流服务的个性化和特色化以提高物流市场竞争能力。

（三）功能专业化

第三方物流所提供的是专业的物流服务。从物流设计、物流操作过程、物流技术、物流设施到物流管理都必须体现专门化和专业水平，这既是物流消费者的需要，也是第三方物流自身发展的基本要求。

（四）管理系统化

第三方物流应具有系统的物流功能，这是第三方物流产生和发展的基本要求，第三方物流需要建立现代管理系统才能满足运行和发展的基本要求。

（五）信息网络化

信息技术是第三方物流发展的基础。在物流服务的过程中，信息技术发展实现了信息实时共享，促进了物流管理的科学化，极大地提高了物流效率和物流效益。

二、第三方物流的价值

第三方物流可以为企业带来的价值包括：

（一）使企业实现资源优化配置

使用第三方物流可以将有限的资源集中于核心业务。企业所拥有的资源毕竟是有限的，不可能覆盖企业所有的业务领域，取得整体竞争优势的唯一途径就是"集中优势"，将有限的资源集中到企业"核心能力"的培育和发展上，而对非核心的业务采取资源外包战略，外包给在这些业务上具备核心能力的企业，也就是第三方物流企业。

（二）使企业减少投资，降低风险

现代物流领域的设施、设备、信息系统等的投入是相当大的，而且由于物流需求的不确定性和复杂性，可能导致投资的巨大风险。选择第三方物流服务可以有效避免这些投资风险。

（三）有利于企业进行流程再造

现代物流的根本特征是专业化、系统化、网络化、信息化和规模化。借助第三方物流，企业可以充分利用第三方物流企业完善的信息技术和先进的管理手段，从关心客户的需求和满意度出发，对现有的业务流程进行重新思考和再设计，从根本上改善企业原有的成本、质量、服务水平。

（四）有利于提升企业形象

第三方物流服务提供商和客户不是竞争对手，而是战略合作伙伴，他们为客户着想，致力于提供以顾客为导向、低成本、高效率的优质物流服务，使委托企业形象得到提升，为企业在竞争中取胜创造有利的条件。

（五）使企业享受成本降低的好处

专业的第三方物流提供商利用规模生成的专业优势和成本优势，通过整合社会资源、提高供应链各环节的利用率，实现综合费用的节省，从而使委托企业享受成本降低的好处。

思辨分析

小组讨论分析第三方物流企业对企业自身带来了怎样的价值?

三、第三方物流的现状及发展趋势

第三方物流发展的趋势是更专业化、综合成本更低、配送效率更高,这同时也是社会化分工和现代物流发展的方向。

(一) 国外第三方物流发展情况

据美国权威机构统计,通过第三方物流公司的服务,企业物流成本会下降11.8%,物流资产下降24.6%,办理订单的周转时间从7.1天缩短为3.9天,存货总量下降8.2%。据调查,在西方发达国家,第三方物流已经是现代物流产业的主体。欧洲的大型企业,使用第三方物流的比例高达76%,而且70%的企业不只使用一家第三方物流企业。在欧洲,第三方物流所占市场份额德国为23%,法国为27%,英国为34%。美国、日本等国家使用第三方物流的比例都在30%以上。

(二) 我国第三方物流发展情况

目前,中国的第三方物流产业尚处于起步阶段,迫切需要政府部门的大力支持和推动,为现代物流的发展创造了良好的宏观环境。中国第三方物流市场规模还较小,而且高度分散,面对庞大的物流市场需求和弱小的供应能力,国外物流企业早已跃跃欲试。

1. 第三方物流市场份额小

我国的第三方物流在物流市场中所占的比例仅为10%。大型、专业的第三方物流企业数量不多,这是当前物流发展中最薄弱的环节,也制约了我国经济的发展。我国第三方物流市场不仅规模小,而且高度分散,在1万至1.5万家第三方物流企业中,没有一家企业能占到2%以上的市场份额,大多数第三方物流企业所提供的服务只是局限在供应链功能的一小部分,无法满足客户的一体化物流服务需求。运用信息化手段提高运输质量和运输效率,提高客户服务能力,从而提高核心竞争力,是很多第三方物流企业应对市场竞争的必然选择。

2. 第三方物流增长速度快,但信息化水平低

我国的第三方物流市场以每年16%~25%的速度增长。虽然我国物流行业发展很快,但我国第三方物流信息化应用的水平还比较低。据统计,大量

第三方物流企业的信息化水平还停留于 GPS、RFID 等初级阶段，有的企业甚至连门户网站、企业邮箱都没有。信息化水平较低的企业占第三方物流企业总数的 50% 以上。我国的第三方物流企业中，中小企业占了大部分。大多数中小物流企业尚不具备运用信息技术处理物流信息的能力。此外，还有一部分已经初具规模的物流企业，信息化已经有了一定的基础，都已经开始考虑业务流程与管理流程的优化问题。这也来自降低成本、加快周转等经济上的压力，目的是帮助企业提高自己的核心竞争力。这类规模较大的第三方物流企业占第三方物流企业总数的 30% 左右。已经形成系统化的物流综合管理平台的第三方物流企业可谓寥寥无几，仅占总数的 5% 左右。第三方物流企业的信息化建设目标应是针对整个企业的供应链综合管理，实施企业级的信息系统建设。这样才能跨越部门的界限，实现各个部门数据和信息的互联互通，并在此基础上，实现信息的集中查询和集中发放。我国第三方物流企业应在借鉴西方发达国家的第三方物流发展经验的基础上，广泛运用计算机技术以及通信技术提高企业自身的运输效率和服务能力，增强核心竞争力，也只有这样，才能在市场竞争中将企业做大做强。

思辨分析

以小组为单位进行讨论：

中国物流企业面临前所未有的挑战，应该如何面对中国第三方物流市场存在的问题，提高本国物流企业的竞争力，应对国外物流企业的竞争？

应用拓展

通过网络调查，总结出目前国际及国内第三方物流发展的现状、增长趋势及未来发展前景。

四、第三方物流活动契约案例

仓储合同

存货方：＿＿＿＿＿＿＿＿　　　　住所：＿＿＿＿＿＿＿＿＿

保管方：＿＿＿＿＿＿＿＿　　　　住所：＿＿＿＿＿＿＿＿＿

签订地点：＿＿＿＿＿＿＿＿＿＿＿＿

签订时间：＿＿＿＿＿＿＿＿＿＿＿＿

根据《中华人民共和国民法典》的有关规定，存货方和保管方依据委托储存计划和仓储容量，经双方协商一致，签订本合同。

第一条：储存货物的品名、品种、规格、数量、质量、包装。

1. 货物品名：

2. 品种规格：

3. 数量：

4. 质量：

5. 货物包装：

第二条：货物验收的内容、标准、方法、时间、资料。

第三条：货物保管条件和保管要求。

第四条：货物入库、出库手续，时间，地点，运输方式。

第五条：货物的损耗标准和损耗处理。

第六条：计费项目、标准和结算方式。

第七条：违约责任。

1. 保管方的责任

（1）在货物保管期间，未按合同规定的储存条件和保管要求保管货物，造成货物灭失、短少、变质、污染、损坏的，应承担赔偿责任。

（2）对于危险物品和易腐物品等未按国家和合同规定的要求操作、储存造成毁损的应承担赔偿责任。

（3）由于保管方的责任，造成退仓不能入库时，应按合同规定赔偿存货方运费和支付违约金。

（4）由保管方负责发运的货物，不能按期发货，错发到货地点，除按合同规定无偿运到规定的到货地点外，并赔偿存货方逾期交货的损失。

（5）其他约定责任。

2. 存货方的责任

（1）由于存货方的责任造成退仓不能入库时，存货方应偿付相当于相应保管费__%（或__%）的违约金，超议定储存量储存的，存货方除交纳保营费外，还应向保管方偿付违约金____元。或者按双方协议办。

（2）易燃、易爆、易渗漏、有毒等危险货物以及易腐等特殊货物，必须在合同中注明，并向保管方提供必要的保管运输技术资料，否则造成的货物毁损、仓库毁损或人身伤亡，由存货方承担赔偿责任直至刑事责任。

（3）货物临近失效期或有异状的，在保管方通知后不及时处理，造成的损失，由存货方承担。

（4）未按国家或合同规定的标准和要求对储存货物进行必要的包装，造成货物损坏、变质，由存货方负责。

（5）存货方已通知出库或合同期已到，由于存货方（含用户）的原因致使货物不能如期出库，存货方除按合同的规定交付保管费外，并应偿付违约金____元。由于出库凭证或调拨凭证上的差错所造成的损失，由存货方负责。

（6）按合同规定由保管方代运的货物，存货方未按合同规定及时提供包装材料或未按规定期限变更货物的运输方式、到站、接货人，应承担延期的责任和增加的有关费用。

（7）其他约定责任。

第八条：保管期限。

从____年____月____日至____年____月____日止。

第九条：变更和解除合同。

由于不可抗力事故致使直接影响合同的履行或者不能按约定的条件履行时，遇有不可抗力事故的一方，应立即将事故情况通知对方，并应在____天内，提供事故详情及合同不能履行、部分不能履行或者需要延期履行的理由的有效证明文件，此项证明文件应由事故发生地区机构出具。按照事故对履行合同影响的程度，由双方协商解决是否解除合同，或者部分免除履行合同的责任，或者延期履行合同。

第十条：解决合同纠纷的方式。

执行本合同发生争议，由当事人双方协商解决。协商不成，双方同意由仲裁委员会仲裁（当事人双方不在本合同中约定仲裁机构，事后又没有达成书面仲裁协议的，可向人民法院起诉）。

第十一条：货物商检、验收、包装、保险、运输等其他约定事项。

第十二条：本合同未尽事宜，一律按《中华人民共和国民法典》执行。

保管方（章）：_____ 　　存货方（章）：_____

地址：_____ 　　　　　地址：_____

法定代表人：_____ 　　法定代表人：_____

委托代理人：_____ 　　委托代理人：_____

电话：_____ 　　　　　电话：_____

开户银行：_____ 　　　开户银行：_____

账号：_____ 　　　　　账号：_____

邮政编码：_____ 　　　邮政编码：_____

有效期限：____年____月____日至____年____月____日

思辨分析

很多企业内部有物流部门，这些部门是不是可称为第三方物流？例如，海尔集团为白色家电企业，海尔物流车队用于运送企业内部的生产资料及产品，海尔内部的物流车队可称其为第三方物流企业吗？

2000 年海尔集团和阿里巴巴签约成立了日日顺物流有限公司，该公司具有独立法人资格，对外承担各种物流业务，那么日日顺物流有限公司是第三方物流公司吗？

应用拓展

小组活动：

（一）讨论

1. 如果你们经营一家物流企业，该用什么方式确保与客户之间的合作具有约束力？

2. 你们根据当地情况成立的物流企业主要经营什么业务？你们可以提供哪些个性化服务？你们的核心竞争力是什么？

3. 在当今物流业高速发展的中国，面对第三方物流行业发展中存在的问题以及越来越激烈的国际化竞争，第三方物流企业该如何应对？

（二）成果展示

1. 每组派一名代表将小组讨论的结果向全班讲解。

2. 每组派一名代表以 PPT 形式对分析的结果进行讲解。

（三）拟定合同

根据小组想组建的物流企业的业务，拟定一份第三方物流企业的仓储合同。（可网上查找合同范本，要求合同的要素全面，条款清楚，可执行性强）

应用拓展

国内知名第三方物流企业——京东物流

京东集团 2007 年开始自建物流，2012 年正式注册物流公司，2017 年 4 月 25 日正式成立京东物流集团。京东物流以技术驱动，引领全球高效流通和可持续发展为使命，致力于将过去十余年积累的基础设施、管理经验、专业技术向社会全面开放，成为全球供应链基础设施服务商。

京东物流是全球唯一拥有中小件、大件、冷链、B2B、跨境和众包（达达）六大物流网络的企业。凭借这六张大网在全球范围内的覆盖以及大数据、云计算、智能设备的应用，京东物流打造了一个从产品销量分析预测到入库出库，再到运输配送各个环节无所不包、综合效率最优、算法最科学的智能供应链服务系统。

截至 2020 年 9 月 30 日，京东物流在全国运营超过 800 个仓库，包含云仓面积在内，京东物流运营管理的仓储总面积约为 2 000 万平方米。目前，京东物流已投入运营的 30 座 "亚洲一号" 智能物流园区以及超过 70 座不同层级的无人仓是目前亚洲规模最大的智能仓群。京东物流大件和中小件网络已实现大陆行政区县近 100% 覆盖，90% 区县可以实现 24 小时达，自营配送服务覆盖了全国 99% 的人口，超 90% 的自营订单可以在 24 小时内送达。同时京东物流着力推行战略级项目 "青流计划"，从 "环境（planet）""人文社会（people）" 和 "经济（profits）" 三个方面，协同行业和社会力量共同关注人类的可持续发展。

资料来源：百度文库。

模块五

认识国际物流

国际物流又称全球物流，指生产和消费分别在两个或两个以上的国家独立进行时，为克服生产和消费之间的空间距离和时间距离，对物资进行物理性移动的一项国际商品交易或交流活动。本模块主要学习国际物流的相关知识和内容，通过本模块的学习，达到如下学习目标（见表5-1）：

表5-1　知识、能力、素养目标一览表

知识目标（认记）	能力目标（思辨）	素养目标（应用）
1. 了解国际物流的概念； 2. 了解国际物流的作用和特点； 3. 熟悉国际货物运输方式的种类； 4. 认识国际多式联运	1. 能描述国际物流系统的组成； 2. 能根据货物的属性选择合适的国际货物运输方式； 3. 能描述国际多式联运出口业务流程	1. 具有科学的思辨能力； 2. 具有团队协作意识； 3. 具备良好的沟通能力； 4. 具备科学的分析能力； 5. 具有科学的归纳总结能力； 6. 具有科学的利用网络搜集学习资源的能力； 7. 具有良好的沟通表达能力

任务一　国际物流概述

一、什么是国际物流

广义的国际物流研究的范围包括国际贸易物流、非贸易物流、国际物流投资、国际物流合作、国际物流交流等领域。其中，国际贸易物流主要是指国际贸易货物在国家间的合理流动，非贸易物流是指国际展览与展品物流、国际邮政物流等，国际物流合作是指不同国别的企业合作完成重大的国际物流技术项目，国际物流投资是指不同国家物流企业共同投资建设国际物流企业，国际物流交流则主要是指物流科学、技术、教育、培训和管理方面的国际交流。

狭义的国际物流（international logistics，IL）主要是指当生产消费分别在两个或在两个以上的国家（或地区）独立进行时，为了克服生产和消费之间的空间和时间距离，对货物（商品）进行物流性移动的一项国际商品交流活动。

思辨分析

下列国际物流活动，哪些属于广义的国际物流？哪些属于狭义的国际物流？

1. 上海某公司出口一批童装至韩国首尔。
2. 北京某公司购买了美国一项研发技术。
3. 中国某公司与法国某公司合资组建物流公司。
4. 大连某公司从中国香港进口一套机械设备。
5. 青岛某公司出口新加坡一批小五金。

二、国际物流的作用和特点

（一）国际物流的作用

国际物流可以通过物流的合理组织促进世界经济的发展，推进国际政治、经济格局的良性发展，改善国家间的友好交往，并由此推进国际政治、经济格局的良性发展，从而促进整个人类的物质文化和精神文化朝着和平、稳定和更加文明的方向发展。

（二）国际物流的特点

1. 物流环境的差异性

不同的国家不同的地区使用的法律法规不同，操作规程和技术标准不同，地理、气候等自然环境不同，风俗习惯等人文环境不同，经济和科技发展及各自消费水平不同等，导致国际物流环境差异性的存在。

2. 物流系统范围的广泛性

国际物流系统范围的广泛性使相关的现代化技术的开发与使用显得尤为重要，现代化系统技术可以使国际物流尽可能提高速度、增加效益，并推动其发展。

3. 物流信息化的先进性

国际物流对信息的提供、收集与管理具有更高的要求。建立技术先进的国际化信息系统是发展现代国际物流的关键所在。

4. 物流标准化的统一性

要使国家间物流互相接轨，并畅通起来，就必须统一标准。应将基础标准、安全标准、卫生标准、环保标准及贸易标准进一步统一，将运输、包装、配送、装卸、储存等技术标准相对统一，从而提高国际物流水平。

三、国际物流系统的组成

国际物流系统由商品的运输、储存、装卸、通关、检验、信息等子系统组成。

（1）运输子系统，是国际物流系统的核心子系统，其作用是通过使物品空间移动而实现其使用价值，创造空间效益。

（2）储存子系统，应尽量减少储存时间、储存数量，加速物品的周转，实现国际物流的高效率运转，创造时间效益。

（3）装卸子系统，进行短距离的物品搬移，是储存和运输作业的纽带和桥梁，提供空间效益。

（4）通关子系统，要求物流经营人熟知各国的通关制度，在适应各国通关制度的前提下建立安全有效的快速通关系统，保证货畅其流。

（5）检验子系统，可以促进销售、维护产品质量和提高国际物流效率。

（6）信息子系统，国际物流信息的主要内容包括进出口单证的操作信息、支付方式信息、客户资料信息、市场行情信息等，特点是信息量大、时间性强、交换频繁。

国际物流系统的组成见图 5-1。

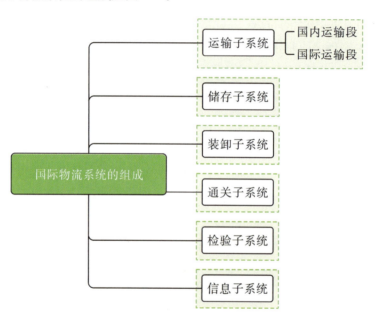

图 5-1　国际物流系统的组成

任务二　选择国际物流运输方式

一、了解国际货物运输

（一）国际货物运输的含义

国际货物运输是指国家与国家、国家与地区之间的货物运输。国际货物运输包括国际贸易物资运输和国际非贸易物资（如展览品、援外物资、个人行李、办公用品等）运输。

（二）国际货物运输的特点

（1）国际货物运输是一项涉外工作，政策性强。

（2）路线长、环节多。

（3）涉及面广，情况复杂多变。

（4）时间性强。

（5）风险大。

二、国际货物运输的主要方式及选择

（一）国际货物运输的主要方式

国际货物运输的主要方式包括水上运输、陆上运输（分为铁路运输和公路运输）、航空运输、邮政运输、集装箱运输、国际多式联运、管道运输等。

（二）选择国际货物运输方式时需考虑的因素

1. 运输成本

就运输的价格来说，航空运输最昂贵，公路运输费用较高，水路运输最便宜，铁路运输和管道运输也比较便宜。

2. 运行速度

一般来说，航空运输最快，达到 900~100 千米/小时，铁路运输 80~250 千米/小时，公路运输 80~120 千米/小时，水路运输中的内河运输 8~20 千米/小时，海洋运输 10~30 海里/小时（1 海里 ≈ 1 852 米）。同时在实际的运输中，由于受环境经济等其他因素的影响，各种运输方式的服务速度是低于运输载体的技术速度的。

3. 货物的特点及性质

货物本身的性质对运输方式的选择也有一定影响。一般来说，包装类杂

货可以选择各种货物运输方式，而散货诸如水泥、石油、沥青等的选择范围则较窄。

4. 货物数量

一般而言，20 吨以下的货物采用公路运输，20 吨以上的货物采用铁路运输，数百吨的原材料之类的货物在可能的情况下应选择水路运输。

5. 运输距离

一般来说，200 千米以内采用公路运输，200~500 千米的距离，采用铁路运输，500 千米以上根据具体情况采用水路或航空运输。

6. 物流基础设施条件

由于国家之间发展的不平衡，一个国家可以选择的物流方式，到另一个国家便不能采用，原因是另一个国家缺乏采用这种方式的必要的基础设施。在选择时必须考虑这个问题，否则就无法形成有效的流通渠道。

综上所述，选择国际货物运输方式时可以参考运输方式的选择原则和各种运输方式的优缺点来进行分析，见图 5-2。

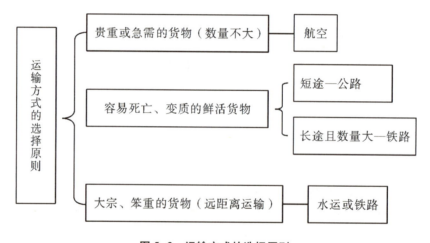

图 5-2 运输方式的选择原则

思辨分析

观察身边的产品，根据前面的介绍，举例说明哪些货物适合航空运输？哪些货物适合水上运输？哪些货物适合陆上运输？

三、国际货物运输对象

（一）按货物装运方式分

1. 散装货物

散装货物简称散货，按重量承运，是无标志、无包装不易计算件数的货物，以散货方式进行运输。一般批量较大，种类较少。

2. 件装货物

件装货物简称件货，按件数和重量承运，一般批量较少，件数较多。一般有运输标志，包装形式不一，性质各异。

3. 成组装货物

成组装货物是指用托盘、网络、集装袋和集装箱等将件杂货或散货组成一个大单元进行运输的货物。

（二）按货物的形态分

1. 包装货物

包装货物是为了保证货物在装卸运输中的安全和便利，使用一些材料对它们进行适当包装的货物。按货物包装的形式和材料，包装货物通常可分为箱装货物、袋装货物、桶装货物等。

2. 裸装货物

不加包装而成件的货物为裸装货物，如钢材、生铁、有色金属和车辆等。它们在运输过程中需要采取防止水湿锈损的安全措施。

3. 散装货物

散装货物指某些大批量的低值货物，不加任何包装，采取散装方式，使用机械装卸作业，进行大规模运输，把运费降到最低的限度。如干质散装货物和液体散装货物。

（三）按货物的重量分

按照货物的重量和体积比例大小来区分，国际货物运输对象可以分为重量货物和体积货物两种。以海运为例，海运货物根据国际上统一的划分标准，凡 1 吨重量的货物，体积小于 1 立方米则称重货，凡 1 吨重量的货物，体积大于 1 立方米，则称为体积货物，也称为轻泡货物。

应用拓展

试着在地图上找出如下全球主要海运航线。

1. 远东——北美西海岸各港航线。
2. 远东——加勒比海、北美东海岸各港航线。
3. 远东——南美西海岸各港航线。
4. 远东——澳、新及西南太平洋岛国各港航线。
5. 东亚——东南亚各港航线。
6. 远东——北印度洋、地中海、西北欧航线。
7. 东亚——东南非、西非、南美东海岸航线。
8. 澳、新——北美西、东海岸航线。
9. 澳、新——南美西海岸国家各港航线。
10. 北美东、西海岸——南美西海岸航线。

任务三　认识国际多式联运

一、国际多式联运概述

（一）国际多式联运的含义

国际上通常认为国际多式联运是指根据一个多式联运合同，采用两种或两种以上的运输方式由多式联运经营人把货物从一国境内接管货物地点运到另一国境内指定交付货物的地点。

（二）国际多式联运必须具备的条件

（1）必须具有一份多式联运合同，明确规定多式联运经营人（承运人）和托运人之间的权利、义务、责任、豁免的合同关系和多式联运的性质。

（2）必须使用一份全程多式联运单据，证明多式联运合同已经成立，多式联运经营人已经接管货物并负责按照合同条款交付货物。

（3）必须是至少两种不同运输方式的连贯运输。这是确定一票货物是不是多式联运的重要特征。为履行单一方式运输合同而进行的货物接送则不视为多式联运。如海运中从仓库到机场的这种陆海运输组合就不属于国际多式联运。

（4）必须是国家间的货物运输。

（5）必须由一个多式联运经营人对全程运输负总的责任。

（6）必须执行全程单运费率。多式联运经营人在对货主负全程运输责任的基础上，还需制定一个货物从发运地至目的地的全程单一费率，并以包干形式一次性向货主收取。

思辨分析

用自己的话简单说一下国际多式联运与其他运输方式有哪些不同。

（三）国际多式联运的优点

（1）责任统一，手续简便。主要表现为在国际多式联运方式下，所有的运输事项均由联运经营人负责办理，而货主只需要办理一次托运。订立一份运输合同，支付一次费用、办理一次保险。

（2）节省费用，降低运输成本。由于国际多式联运货物装载于集装箱，从某种意义上说可以节省货物的包装费用和保险费用。此外，国际多式联运运费由多式联运承运人代征，统一费率，简化了制单和计算的手续，节省了人力、物力和财力。

（3）减少中间环节，缩短时间，提高运输质量。国际多式联运以集装箱为运输单元进行直达运输，运输途中换装时无须换箱、装箱，从而减少了中间环节。货损货差事故大为减少，从而在一定程度上提高了运输质量。此外，由于各个运输环节的配合密切、衔接紧凑，货物所到之处中转迅速及时，大大减少了货物停留时间，因此根本上保证了货物安全、迅速、准确、及时地运抵目的地。

（4）运输组织水平提高，运输更加合理化。国际多式联运由不同的运输从业者共同参与，经营的业务范围可大大扩展，并且可以最大限度地发挥其现有设备的作用，选择最佳运输路线，组织合理运输。

（5）实现门对门运输。国际多式联运的货物在发货人工厂或仓库装箱后交由第一承运人即可，货物运程不管有多远，不论由几种运输方式共同完成对货物的运输，且不论运输途中对货物进行多少次换装，最终都可互接运送至收货人的工厂或仓库。

（四）发展国际多式联运的意义

从政府角度来看，发展国际多式联运具有以下重要意义：

（1）有利于加强政府对整个货物链的监督与管理。

（2）保证本国在整个货物运输过程中获得较大的运费收入比例。

（3）有助于引进新的技术。

（4）改善外汇支出。

（5）改善本国基础设施的利用状态。

（6）通过国家的宏观调控与指导职能，保证使用对环境破坏最小的运输方式，达到保护本国生态环境的目的。

二、国际多式联运的业务流程（以出口为例）

国际多式联运出口业务主要包括以下环节：

（一）接受托运申请，订立多式联运合同

多式联运经营人根据货主提出的托运申请和自己的运输路线等情况，判断是否接受该托运申请。如果能接受则双方议定有关事项后，在交给发货人或其代理人的场站收据（货物情况可暂时空白）副本上签章（必须是海关能接收的），证明接受托运申请，多式联运合同已经订立并开始执行。国际多式联运出口业务流程如图5-3所示。

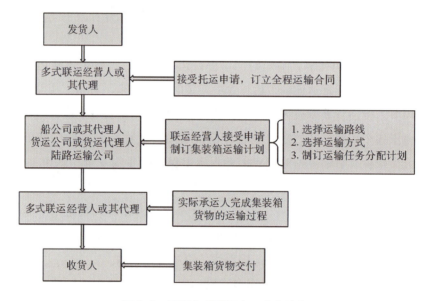

图 5-3　国际多式联运出口业务流程

（二）空箱的发放、提取

如果双方协议由发货人自行装箱，则多式联运经营人应签发提箱单或者租箱公司或区段承运人签发的提箱单交给发货人或其代理人，由他们在规定日期到指定堆场提箱并自行将空箱拖运到货物装箱地点准备装货，如发货人要委托亦可由经营人办理堆场装箱地点的空箱拖运（这种情况需加收空箱拖运费）。如是拼箱货（或是整箱货但发货人无装箱条件不能自装），则由多式联运经营人将所用空箱调运至接收货物的集装箱货运站，并做好装箱准备。

（三）出口报关

若联运从港口开始，则在港口报关；若从内陆地区开始，则应在附近的

海关办理报关，一般由托运人办理，也可委托多式联运经营人代办。报关时应提供场站收据、装箱单、出口等有关单据和文件。

（四）货物装箱及交接

若是发货人自行装箱，则发货人或其代理人提取空箱后在自己的工厂和仓库组织装箱后，将货物运至双方协议规定的地点，多式联运经营人或其代理人（包括委托的堆场业务员）在指定地点接收货物。若是发货人不具备装箱条件，则可委托多式联运经营人或货运站装箱（指整箱货物情况），发货人应将货物以原来的形态运至指定的货运站由其代为装箱。若是拼箱货物，发货人应负责将货物运至指定的集装箱货运站，验收货物后，代表联运经营人接收货物的人应在场站收据正本上签章，并将其交给发货人或其代理人，由货运站按多式联运经营人的指示装箱。

（五）订舱及安排货物运送

经营人在合同订立之后，即应制订合同涉及的集装箱货物的运输计划，该计划包括货物的运输路线、区段的划分，各区段实际承运人的选择确定及各区段衔接地点的到达、起运时间等内容。这里所说的订舱泛指多式联运经营人要按照运输计划安排制订各区段的运输工具与选定的各实际承运人订立各区段的分运合同。这些合同的订立由经营人本人（派出机构或代表）或委托的代理人（在各转接地）办理，也可请前一区段的实际承运人作为代表向后一区段的实际承运人订舱。

（六）办理货物运输险

在发货人方面，应投保货物运输险。该保险由发货人自行办理，或由发货人承担费用由多式联运经营人代为办理。货物运输保险可以是全程，也可分段投保。在多式联运经营人方面，应投保货物责任险和集装箱保险，由多式联运经营人或其代理人向保险公司办理或以其他形式办理。

（七）签发多式联运提单，组织完成货物的全程运输

国际多式联运经营人的代表收取货物后，经营人应向发货人签发多式联运提单。在把提单交给发货人前，应注意按双方议定的付费方式及内容、数量向发货人收取全部应付费用。国际多式联运经营人有完成和组织完成全程运输的责任和义务。在接收货物后，要组织各区段实际承运人、各派出机构及代表人共同协调工作，完成全程各区段的运输以及各区段之间的衔接工作，运输过程中所涉及的各种服务性工作和运输单据、文件及有关信息等的组织和协调工作。

（八）货物运输过程中的海关业务

按惯例，国际多式联运的全程运输所涉及的海关的手续一般由多式联运

经营人的派出机构或代理人办理，也可由各区段的实际承运人作为多式联运经营人的代表办理，由此产生的全部费用应由发货人或收货人负担。如果货物在目的港交付，那么结关应在港口所在地海关进行。如在内陆交货，则应在口岸办理保税（海关监管）运输手续，海关加封后方可运往内陆目的地，然后在内陆海关办理结关手续。

（九）货物到达交付

当货物运至目的地后，由目的地代理通知收货人提货。收货人需凭多式联运提单提货，经营人或其代理人需按合同规定收取收货人应付的全部费用。收回提单后签发提货单（交货记录），提货人凭提货单到指定堆场（整箱货）和集装箱货运站（拼箱货）提取货物。如果整箱提货，则收货人要负责至掏箱地点的运输，并在货物掏出后将集装箱运回指定的堆场，运输合同终止。

三、国际多式联运单证、运费

（一）国际多式联运单证的基本内容

国际多式联运单证的内容包括：货物名称、运输标志、件数、重量、尺码、包装形式；危险品等特殊货物的特性、注意事项；国际多式联运经营人的主要营业场所；托运人名称；收货人名称；接收货物的日期、地点；交付货物的地点；签发日期和地点；国际多式联运经营人或其授权人的签字；可转让或不可转让的声明；交接方式、运费支付、约定的运达期限、货物中转地点；多式联运单据条款等。

（二）国际多式联运运费

国际多式联运路线长、环节多、费率的构成很复杂，但一般都制定单一的费率向托运人一次收取即可。费率由以下几大部分组成：

（1）运费。由两种以上运输方式组成的国际多式联运，分别需付两区段以上的运费，如海空联运需支付海运费和空运费。由三种运输方式构成的多式联运需支付三区段的运费。

（2）装货港包干费率。装货港包干费率主要包括内陆运费、市内运费、仓储费、装拆费、报关费、港建（杂）费、服务费等。例如，多式联运经营人从北京托运人仓库接货到天津港货物装船为止，所需的全部运输、装卸、服务等费用。

（3）中途港的中转费用（包括目的地交货前的费用）。如在途运费、堆存费、吊卸吊装费，必要时还有拆装箱费服务费等。例如，货物由青岛出运，经香港中转运至新加坡，那么中转方式转移至另一种运输方式所产生的各种费用都要计算在内。

应用拓展

日本邮船公司的多式联运服务

日本邮船公司（以下简称 NYK）作为世界上著名的班轮公司之一，海运是其主业。航运业的利润下降和动荡，使 NYK 开始重组和改变其经营战略，由单一的"港至港"服务转向更加细致周到的"多式联运"服务。

NYK 集团提出了一个面向 21 世纪的公司战略，目标是使公司发展成为一个超越海上运输的全方位综合物流公司，也就是成为一个可以提供更广泛的服务种类的超级承运人。NYK 战略之一是计划通过其下属子公司在空运、货代、仓储和公路运输的运作上的协调一致来提供多式联运服务与仓储服务相融合的综合物流服务，使其占 NYK 年收入的 30%。

资料来源：百度文库。

请分析：NYK 发展多式联运服务的基础有哪些？

应用拓展

国外一家贸易公司与我国某进出口公司订立合同，购买小麦 500 吨。合同规定，2002 年 1 月 20 日前开出信用证，2 月 5 日前装船。1 月 28 日买方开来信用证，有效期至 2 月 10 日。由于卖方按期装船发生困难，故电请买方将装船期延至 2 月 17 日并将信用证有效期延长至 2 月 20 日，买方回电表示同意但未通知开证银行。2 月 17 日货物装船后，卖方到银行议付时，遭到拒绝。

资料来源：百度文库。

请思考：

1. 银行是否有权拒付货款？为什么？

2. 作为卖方，应当如何处理此事？

3. 你认为什么是国际物流活动？

模块六

熟悉物流信息技术的应用

现代物流是伴随着信息时代的发展而发展的，可以说没有信息技术就没有现代物流，只有应用物流信息技术，完成物流各作业流程的信息化、网络化，现代物流的目标才能实现。本模块主要学习物流信息技术相关知识和内容，通过本模块的学习，达到如下学习目标，如表6-1所示。

表6-1 知识、能力、素养目标一览表

知识目标（认记）	能力目标（思辨）	素养目标（应用）
1. 认识物流信息系统及功能； 2. 体验典型物流信息系统结构； 3. 了解 RFID 的含义，RFID 系统的组成、工作原理； 4. 了解 RFID 技术在物流管理领域的应用	1. 能辨识常见物流信息系统的类型及功能； 2. 能描述物流识别技术的应用	1. 具有科学的思辨能力； 2. 具有团队协作意识； 3. 具备良好的沟通能力； 4. 具备科学的分析能力； 5. 具有科学的归纳总结能力； 6. 具有科学的利用网络收集学习资源的能力； 7. 具有良好的沟通表达能力

任务一 熟悉物流信息系统

一、物流信息系统概述

物流信息系统的定义在项目二的任务七里已做过介绍。由定义可知物流信息系统实际上是物流管理软件和信息网络结合的产物，小到一个具体的物流管理软件，大到利用覆盖全球的互联网将所有相关的合作伙伴、供应链成员连接在一起提供物流信息服务的系统，都属于物流信息系统。

（一）物流信息系统的基本功能

1. 数据的收集和录入

物流数据的收集和录入是将数据从系统内部或者外部收集到预处理系统中，并整理成为系统要求的格式和形式，然后再输入物流信息系统中。这一基本功能是其他功能发挥作用的前提和基础。

2. 信息的存储

物流数据进入系统中之后，经过整理和加工，成为支持物流系统运行的物流信息。这些信息需要暂时存储和永久保存以供使用。物流信息系统的存储功能就是保证已得到的信息不丢失、不走样、不外泄，随时可用。

3. 信息的传输

物流数据和信息在物流系统中，必须及时、准确地传输到各个职能环节才能发挥其功效。

4. 信息的处理

物流信息系统的最基本目标，就是将输入数据加工处理成物流信息。信息处理既可以是简单的查询、排序，也可以是复杂的模型求解和预测，信息处理能力是衡量物流信息系统能力的一个极其重要的方面。

5. 信息的输出

物流信息系统的目的是为各级物流人员提供信息。为了便于人员理解系统输出的形式，应力求易读易懂、直观醒目，这是评价物流信息系统的主要标准之一。

总之，物流信息系统的主要功能是进行物流信息的收集、存储、传输、加工整理、维护和输出，为物流管理者及其他管理人员提供业务决策的支持，以达到提高物流运作效率与效益的目的。

（二）物流信息系统的主要作用

（1）能完成所有的物流业务流程的信息记录。如收发存有关的库存、配送、运输等信息记录，这些流程操作的业务数据都能记录下来，以便用来进行数据分析。

（2）能设置一定的系统策略用于指导物流作业。比如能够对货物在储位中进行定位、能确定进货作业时间，能够确定货品应该存放的储位、配送业务发生时间，能够确定出货储位、依据车辆容积确定送货车型等。

（3）能运用一些算法，进行合理的任务资源分配，如能对库存结构进行分析，对作业计划做出安排等，从而可以进行库存数量、结构及各种作业的优化管理。

二、物流信息系统的主要类型

物流正趋向整合、链接，形成网络，物流活动正越来越多地依靠物流信息技术。现在物流领域普遍应用的信息系统有：

1. 仓储管理信息系统

仓储管理信息系统是主要用于管理仓库中货物、空间、人力、设备等，对货物的进货、检验、上架、出货、盘点以及其他作业进行管理的信息系统。

2. 配送管理信息系统

配送管理信息系统的主要功能是向各配送点提供配送信息，根据订单查询库存及配送能力，发出配送指令，发出结算指令及发货通知，汇总及反馈配送信息。一般的配送管理信息系统的总体结构主要包括采购入库管理、销售出库管理、财务会计管理和运营绩效管理四大管理模块。

3. 运输管理信息系统

运输管理信息系统主要面向物流运输管理，是集运输调度、智能配载、作业执行跟踪、路线管理、车辆与司机管理、计费与结算管理为一体的智能化运输管理信息系统。

4. 国际货运代理管理信息系统

国际货运代理管理信息系统是对托运单、操作单、提单、财务结算等进行分析和处理的管理信息系统。典型的国际货运代理信息系统的功能结构包括货运出口管理系统、货运进口管理系统、销售管理系统、费用管理系统、决策支持系统。

三、物流信息管理系统应用案例

天津某商业（集团）股份有限公司配送中心案例

（一）配送中心主要业务

天津某商业（集团）股份有限公司配送中心（下文简称某商业配送中心）主要向集团内部的各家商场、超市和集团外的商业批发零售企业提供配送服务。业务涉及数十个品牌、共计 2 300 多种商品，所有商品分散放置在其下属的 8 个仓库中，这 8 个仓库主要分布在天津市区内。该商业配送中心下设业务部、财务部和仓库管理部，分别负责对企业各项业务、资金流和库存的管理。目前，该商业配送中心除了提供物流配送服务外，还承担着为集团内部的各家商业零售企业统一进行采购的职能。另外，该商业配送中心还处理一部分委托代销和受托代销的业务。

（二）企业实施信息管理系统前面临的问题

该商业配送中心在实施信息管理系统之前，面临着以下问题：

（1）该商业配送中心商品种类多达 2 300 多种，集团内客户有 30 多家，对于日常业务所产生的大量数据，通过手工账已经很难处理。

（2）配送中心领导无法及时了解各项统计数据，包括销售分析和应收账款等最关键的数据，以至于在制订统一采购计划时比较盲目，不仅造成部分货品积压，供不应求的情况也时有发生。

（3）配送中心的各项费用明细很难汇总，无法进行经营效果分析，增大了企业经营的不确定性。因此及时准确地了解中心的各种货品的销售、库存信息和中心经营成本信息已经成为管理者的迫切需要。

（三）应用信息管理系统解决方案

该商业配送中心在信息管理系统中使用了用友 U8 管理软件，包括采购管理、销售管理、库存管理、存货核算、总账、应收、应付等模块。

1. 应用信息管理系统实现了统一采购管理

作为该商业集团内的家电和日百商品的统一采购单位，该商业配送中心运用管理软件中的库存子系统、采购子系统、付款子系统等实现了统一采购模式。管理者接收各商场、超市的订单或根据销售情况和市场预测，利用库存管理子系统得到的中心各个仓库的库存情况，制订采购计划，向供应商订货，通过大批量的采购降低进货单价。

2. 利用信息管理软件实现受托和委托业务管理

该商业配送中心有两项非常重要的业务：托代销（集团内部销售）业务和委托代销（销往集团外）业务。利用信息管理软件，该商业配送中心科学地实现了对两种业务的管理。

3. 存货管理和控制分析

对于物流配送企业来说，存货管理是非常重要的。为了实现对存货的有效控制，该商业配送中心利用管理软件的库存管理的账簿和分析表，及时准确地了解下属八个仓库的存货信息，并对其进行有效的控制。

总之，通过上面的账表信息，管理人员充分利用信息进行高效的管理和决策。如果发现某种商品的库存数量连续几天没有变化，管理人员会调查原因；如果判断该商品有滞销的倾向，负责销售、采购的业务人员会共同分析滞销的原因；如果某种商品的库存减少很快，则判断该商品属于畅销商品，相关部门的管理者经讨论后会马上安排增加该商品的采购，及时补充库存，保证销售的正常进行。例如，对于销量明显减少的主要货品，业务人员可以查询该货品的存货，了解造成销量减少的原因从而解决问题，并且在下次订货时可以充分利用现有库存减少库存开支增加资金流动。该配送中心将业务部门全部纳入管理信息系统之中，在系统中管理所有的业务，全面彻底地实现了财务业务一体化，实现了管理水平的又一次飞跃。

应用拓展

中海北方物流公司的物流信息系统

中海北方物流公司的物流信息系统是以 Intranet/Extranet/Internet 为运行平台的，以客户为中心以提高物流效率为目的，集物流作业管理、物流行政管理、物流决策管理于一体的大型综合物流管理信息系统，由电子商务系统、物流企业管理系统、物流作业管理系统和客户服务系统组成，如图 6-1 所示。

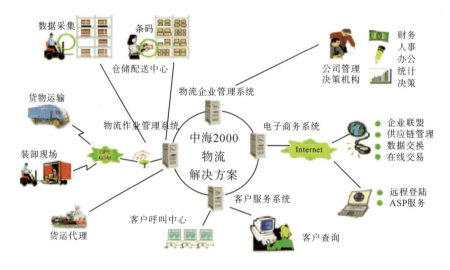

图 6-1　物流解决方案示意图

（1）电子商务系统使客户通过 Internet 实现网上数据的实时查询和网上下单。

（2）物流企业管理系统对企业的财务、人事、办公等进行管理，对数据进行统计、分析、处理，为企业提供决策支持。

（3）物流作业管理系统则通过集成条码技术、GPS/GSM 技术、GIS 技术等物流技术，实现物流作业、管理、决策的信息化。

（4）客户服务系统为客户提供优质的服务。

资料来源：百度文库。

任务二　了解物流识别技术

一、射频识别技术的工作原理

（一）射频识别技术的含义

射频识别技术（radio frequency identification，RFID）是一种利用无线电波进行非接触双向通信的自动识别技术。该技术能对具体实物的流动信息进行快速准确的识别和输入，保证信息能够实时地反映实物流动过程，适应了现代物流对货物仓储、运输等环节全视、可控的要求，在物流管理领域应用具有无可比拟的优势。

RFID 技术是基于电磁理论的通信技术，它能进行非接触式双向通信，可识别物品信息并进行数据交换，适用于物料跟踪、运载工具和货架识别等要求非接触数据采集和交换的场所。RFID 技术现已在仓储管理、运输管理、高速公路收费、铁路车辆和货运集装箱的识别、汽车防盗系统等方面得到广泛应用。

（二）RFID 的系统组成

一套完整的 RFID 系统由读写器、射频标签及应用软件系统三个部分组成。读写器也称阅读器。读写器由射频模块、读写模块和天线三个主要部分组成。它通过天线发射射频载波信号并接受射频标签反射回的射频载波信号，具有与射频标签通信的功能；具有很强的数字信号处理能力以及数据加密、数据纠错、出错报警等功能；还可以通过标准接口将标签内容和其他信息传输给计算机，实现与计算机通信的功能。

射频标签也称电子标签或射频卡。射频标签由射频模块、存储器、控制模块及天线四个主要部分组成。标签的几个主要模块集中在一块芯片中，芯片的外围有连接天线，有源标签还需连接电池。标签是全封装的，即将芯片及天线（和电池）完全封装在内。通常情况下，射频标签具有如下功能：具有一定容量的存储器，用以存储被识别对象的信息；在一定的工作环境及技术条件下标签数据可读写；维持对识别对象的识别及相关信息的完整；数据信息编码后，工作时可传输给读写器。

射频标签按获取电能的方式不同，分为有源射频标签（主动式标签）与无源射频标签（被动式标签）。有源射频标签内部自带电池进行供电，电能充足、工作可靠性高、信号传递的距离远。无源射频标签内部不带电池，其工作能量来自读写器。无源射频标签具有永久的使用期，常常用在标签信息需要每天读写或频繁读写的地方，而且无源射频标签支持长时间的数据传输和永久性的数据存储。其缺点主要是数据传输的距离要比有源射频标签短。

（三）RFID 系统的工作原理

射频标签与读写器之间的数据传输是通过空气介质以无线电波的形式进行的。其工作原理是：进入读写器工作区域的射频标签接收读写器发出的射频信号，凭借感应电流所获得的能量发送存储在芯片中的产品信息（无源标签），或者主动发送某一频率的信号（有源标签），读写器读取信息并解码后，传输至中央信息系统进行有关数据处理。

RFID 系统的识读过程包括以下四步：

（1）读写器将设定数据的无线电载波信号经过发射天线向外发射。

（2）当射频标签进入发射天线的工作区时，射频标签被激活后即将自身信息代码经天线发射出去。

（3）系统的接收天线接收到射频标签发出的载波信号，经天线的调制器传输给读写器，读写器对接收到的信号进行解调、解码，传输给后台计算机控制器。

（4）计算机控制器根据逻辑运算判断射频标签的合法性，针对不同的设定做出相应的处理和控制，发出指令信号控制执行机构的动作，从而完成与物体有关的信息查询、收费、放行、统计、管理等。

（四）RFID 系统的特点

RFID 射频识别通过射频信号自动识别目标对象并获取相关数据，识别工作无须人工干预，可工作于各种恶劣环境，短距离射频产品不怕油渍、灰尘污染等恶劣的环境，可在这样的环境中替代条码，例如用在工厂的流水线上跟踪物体。RFID 技术可识别高速运动物体并可同时识别多个标签，操作快捷方便。长距射频产品多用于交通上，识别距离可达几十米，如高速公路自动收费或识别车辆身份等。

RFID 标签具有体积小、容量大、寿命长、可重复使用等特点，可支持快速读写、非可视识别、移动识别、多目标识别、定位及长期跟踪管理。RFID 技术适应了现代物流对生产、仓储、销售、运输和配送等环节全程"可视、可控"的要求。因此，RFID 技术在物流管理领域具有很大的优势。

二、无线射频技术在物流管理领域的应用

近年来，RFID 因其所具备的远距离读取、高储存量等特性而备受关注。

它不仅可以帮助一个企业大幅提高货物、信息管理的效率，而且可以让销售企业和制造企业互联，从而更加准确地接收反馈信息，控制需求信息，优化整个供应链。

（一）在仓储业务中的应用

RFID 系统可以在智能仓库的货物接收、入库、订单拣货、出库等环节应用。当贴有射频标签的货物或容器进入仓储中心（或物流中心）时，装卸平台上的阅读器将自动识读标签，确认货物的数量、大小、种类等是否与订单一致，并且把收货时间及货物运输途中的损坏程度等信息输入主机系统的数据库，完成货物接收工作。入库时，由于实现了库位、品种和射频标签的对应管理，系统可以根据目前仓库库位情况，自动生成货物上架信息（如货物上架库位地址等）。待上架操作完成后，利用阅读器将对应货位最新的货物信息通过无线网络传输到后台数据库，主控计算机自动进行货位货物信息的变更确认，完成货物入库操作。

出库时，出库信息通过系统处理并传到相应库位的电子标签上，显示出该库位货物需出库的数量，同时发出光和声音信号，指示拣货员完成作业。拣货完毕后，拣货人员通过手持阅读器，将对应货位最新货物信息通过无线网络传输到后台数据库，系统自动进行货位货物变更信息的确认，完成物品出库操作。当货物从备货区到装卸平台时，安置于该处的 RFID 系统会把出货时间、数量等信息输入主机系统的数据库。

（二）在运输业务中的运用

射频识别技术结合全球卫星定位系统，可以对物流运输过程进行全面可视化跟踪。当贴有电子标签的货物和运输工具，经过一些安装了 RFID 读写系统的地理位置时，运输工具可以不用停下来而直接通过，节省了通关的时间。同时，安装在运输路径上的 RFID 系统可以对车辆进行实时定位跟踪，及时了解货物在途运输信息，便于公司进行远程调度管理，并极大地提高了在途货物的安全性。例如，RFID 技术在集装箱运输管理中的应用可以提高集装箱的运输效率。将记录有集装箱箱号、箱型、装载货物种类、数量等数据的电子标签安装在集装箱上，在经过安装有 RFID 系统的公路、铁路的出入口、码头的检查门时，该系统既可以对集装箱进行动态跟踪，同时阅读器也可以非常容易地校验集装箱等封闭容器内的货物，而无须花费大量的人力和时间进行开箱检查、手工点货和货单校对，不仅加快了车辆进港提箱的速度，而且能对车辆提箱进行严密的管理，还有效地降低了工作人员的劳动强度，减少了人为因素造成的差错。

总之，为了满足现代物流的发展需要，必须在整个物流过程中提供一种可以快速识别和录入的通用语言，射频识别技术的应用满足了这个要求。运用 RFID 技术，无论货物是在订购中、运输中，还是在某个仓库储存中，通过该系统，管理人员都可以实时、准确地掌握所有信息，使得企业能够在最短的时间内对复杂多变的市场做出快速的反应，提高对客户需求的响应力。同时，RFID 系统在减少库存、提高工作效率、缩短供货时间、降低物流成本、提高服务能力等方面都具有一定的实践意义。

（三）无线射频技术应用案例

某部队有 30 多个基地，其中每个基地下属的分点大约为 15 个，大量的物资需要通过总部进行分发。通常军事后勤物资储运物品的多级包装模式为"小包装箱→中包装箱→托盘→集装箱"，在传统的物流管理中需要花费大量的人力、物力来记录与更新各包装箱或集装箱中的物品的型号、数量、规格、分发基地等，效率较低而且经常容易出现漏拣或错发的现象，给各基地驻军的日常训练与生活带来了一定的影响。为实现日常军事物流管理的高效性与可见性，该部队开始采用 RFID 智能物资管理方案对军需后勤物资的存储、运输与分发进行管理。

（1）将 RFID 标签贴于仓库内的托盘、包装箱或散杂物品上，标签内记录了物品名称、规格、序列号、产地、数量等信息和属性。

（2）在入库、出库各环节中，都可以通过安装在预置地点的固定式 RFID 读写器或 RFID 手持终端对物资进行盘点扫描，完成对物资信息自动识别、采集、记录等智能工作流程。

（3）利用网络将数据上传到物流信息管理系统中共享，指挥中心便能够得到实时的物资储存信息。智能化军事物资的管理应用，大大加快了物资在军队供应中的流通速度，减少了人工操作失误，降低了管理成本，提高了仓库管理的工作效率，同时还能够快捷准确地从大量物资中迅速定位，找到急需的物品。

总之，物流管理是 RFID 技术最重要的应用领域。不管是对于采购环节、仓储与配送环节、运输环节、零售环节，还是售后服务环节都有重要的应用价值。虽然 RFID 在物流行业的应用具有巨大的优势，但是应用成本仍是一个大问题，特别是对于低价物品来说，标签的成本更是关键。当然，随着 RFID 技术的不断成熟以及标签大规模生产，RFID 标签会逐步得到推广。

应用拓展

RFID 技术在智能仓库货物管理中的应用

RFID 有效地解决了仓库里与货物流动有关的信息的管理，它不但增加了一天内处理货物的件数，还监看着这些货物的一切信息。射频卡贴在货物所通过的仓库大门边上，读写器和天线都放在叉车上，每个货物都贴有条码，所有条码信息都被存储在仓库的中心计算机里，该货物的有关信息都能在计算机里查到。当货物被装走运往别地时，由另一读写器识别并告知计算中心它被放在哪个拖车上。这样管理中心可以实时地了解到已经生产了多少产品和发送了多少产品，并可自动识别货物，确定货物的位置。

资料来源：百度文库。

思辨分析

零售帝国的崛起：沃尔玛信息系统战略

1951 年，沃尔玛公司的创始人山姆·沃顿在美国阿肯色州以 500 美元盘下了一家老式杂货店，主要经营花边、帽子等传统商品。到 2014 年，经过 60 多年的发展，沃尔玛公司全球已开设 1 000 多家分店，曾数度荣登世界 500 强企业榜首。分析沃顿的经营思想发现，信息技术战略对沃尔玛的发展起着举足轻重的作用。

沃尔玛 1969 年最早使用计算机跟踪存货，1974 年全面实现单品级库存控制，1980 年最早使用条形码，1984 年最早使用品类管理软件，1985 年最早采用 EDI，1988 年最早使用无线扫描枪，1989 年最早与宝洁公司等大供应商实现供应商管理库存（VMI）。

沃尔玛总部与全球各家分店和各个供应商通过共同的信息系统进行联系。如果一名顾客在沃尔玛的一家连锁店里购买了一件某种品牌的粗布衬衫，沃尔玛的决策支持系统会向供应商提供这种衬衫在此之前 100 个星期内的历史销售数据，并能跟踪这种产品在全球的销售状况，此后供应商根据订单通过配送中心向沃尔玛的分店补货。从下订单到货物运到分店只需要 3 天时间，人们将其称为快递反应系统。另外，通过网络，沃尔玛可以在一小时之内完成对全球上万家分店的商品库存和销售量盘点。沃尔玛的配送成本低于其销售额的 3%。这意味着沃尔玛平均每年可以比竞争对手节省 7.5 亿美元的配送支出。突飞猛进的现代计算机技术造就了沃尔玛的辉煌。

资料来源：百度文库。

请思考：

沃尔玛飞速发展的秘密在哪里？

模块七

构建供应链管理思维

我国《物流术语》对供应链管理的定义为：供应链管理是对供应链涉及的全部活动进行计划、组织、协调与控制。供应链管理就是利用计算机网络技术等先进技术手段，全面整合供应商、制造部门、库存部门和配送商等供应链上的诸多环节，减少供应链的成本，促进物流和信息流的交换，以求在正确的时间和地点，生产和配送适当数量的正确产品，提高企业的总体效益，以获得企业的竞争优势。本模块主要学习供应链相关知识和内容，通过本模块的学习，达到如下学习目标，如表7-1所示。

表7-1 知识、能力、素养目标一览表

知识目标（认记）	能力目标（思辨）	素养目标（应用）
1. 认知供应链绩效评价的原则； 2. 识别供应链绩效评价的方法，并举例说明	1. 能描述供应链的构成、供应链管理的内容； 2. 能分析供应链管理带给企业的好处； 3. 能阐述供应链管理与物流的关系； 4. 能描述常见的供应链管理方法； 5. 能简单认知快速反应实施的必要条件和实施的步骤； 6. 能识别有效客户反应系统的构成及实施的要素； 7. 能描述协同式供应链管理的定义及特点； 8. 能描述供应链绩效评价的作用	1. 具有科学的思辨能力； 2. 具有团队协作意识； 3. 具备良好的沟通能力； 4. 具备科学的分析能力； 5. 具有科学的归纳总结能力； 6. 具有科学的利用网络搜集学习资源的能力； 7. 具有良好的沟通表达能力

任务一　认识供应链管理

一、供应链概述

我国《物流术语》对供应链的定义为：供应链是生产及流通过程中，为了将产品或服务交付给最终用户，由上游与下游企业共同建立的网链状组织。供应链围绕核心企业，通过对信息流、物流、资金流的控制，从采购原材料开始制成中间产品以及最终产品，最后由销售网络把产品送到消费者手中，将供应商、制造商、分销商、零售商、最终用户连成一个整体。供应链示意图如图7-1所示。

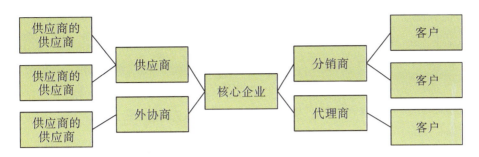

图 7-1　供应链示意图

二、供应链管理

我国《物流术语》对供应链管理的定义为：供应链管理是对供应链涉及的全部活动进行计划、组织、协调与控制。供应链管理就是利用计算机网络技术等先进技术手段，全面整合供应商、制造部门、库存部门和配送商等供应链上的诸多环节，减少供应链的成本，促进物流和信息流的交换，以求在正确的时间和地点，生产和配送适当数量的正确产品，提高企业的总体效益，以获得企业的竞争优势。

三、供应链管理的必要性

随着科技的进步和经济的不断发展，全球化市场竞争日益激烈。传统企业管理模式已经不能适应新的市场竞争要求，供应链管理应运而生。它的优势体现在以下方面：

（一）削减库存总量

库存过多，仓库管理成本必然增加。库存状态的商品还会有贬值、变质甚至变成废弃物的潜在危机。此外，库存还占用企业大量的流动资金。传统的企业做法仅转移了存货，并没有从实际上降低整个渠道中的存货。解决这个问题的方法是在整个供应链内通过提供有关生产计划的信息，比如共享有关预期需求、订单、生产计划等信息，减少不确定性，使安全存货降低。

（二）提高商品周转率，应对产品生命周期的缩短

供应链管理可以通过销售时点信息系统（POS 系统）实现供应链上的各相关者信息共享，制造企业和流通企业能够及时把握最末端的客户需求信息，依此进行需求预测，适当地制订生产计划，及时调整流通环节的整体库存，提高库存周转率。

（三）改善企业资金流，降低企业运行成本

减少库存，将有助于企业拥有充足的资金。传统的物流管理在成本控制

方面仅限于公司内部达到最小，而供应链管理是通过注重产品最终成本来优化供应链上所有企业。

（四）提高客户满意度

通过供应链管理，可以强化企业与客户之间的相互沟通与信息交流，使企业更深刻地理解客户的愿望和要求，从而更好地满足客户。

思辨分析

雅芳 100 多年来的发展历史被多数企业视为学习的标杆。20 世纪 80 代雅芳在欧洲六个国家设分支机构，每个国家都有独立的工厂和仓库供应市场。20 世纪 90 年代初雅芳在开始品牌全球化时出现了问题。1996 年雅芳开始意识到如果在每一个新市场都复制供应链，那么成本很高，关键问题还是雅芳不能依靠现有的供应链实现快速增长的目标。

首先，是公司销售周期和供应链周期根本不匹配。在大部分欧洲市场，短期销售周期是雅芳直销模式的基石。但短期销售周期需要一个弹性大、响应性好的供应链。尤其是欧洲业务越来越多，工厂事先生产好所有的东西，然后在每次的三周销售活动开始前将存货运到各地仓库。不可避免地某些产品会出现需求过大，分支机构向工厂下达紧急订单要求多发货的情况。而产品在雅芳供应链上，生产、分发、到达分支机构的周期平均长达 12 周，大大超过短期销售周期。其次，不能及时配送导致了每次销售活动中的低效率，同时紧急订单破坏了生产效率。由于销售活动用到的产品中有 40%～50%往往供不应求，工厂经常被迫打断原先的生产安排以适应一个又一个的紧急订单，在工厂实现大规模生产后，这样的装备转换成本很高。最后，放缓产品销售的成本也很高。在每一个销售周期，许多产品卖得比预测的少，因此往往有许多卖不掉的产品。雅芳的库存量很高，常常多达 150 天的销售量，远远超过 3 周销售周期的量。因此，随着雅芳欧洲业务的扩张，存货所占用的资金也大幅增加。

资料来源：百度文库。

试分析：假如你是雅芳的供应链改造主管，你应当从哪些方面规划改造雅芳的供应链？

任务二　了解供应链管理技术

一、供应链管理的方法

供应链管理最早多是以一些具体方法出现的，最常见的方法包括以下几种：

（一）快速反应

快速反应（quick response，QR），就是企业面对多品种、小批量的买方市场，不是储备了"产品"，而是准备了各种"要素"，在用户提出要求时，能以最快速度抽取"要素"及时"组装"，提供所需的服务或产品。

1. QR 实施的四个阶段

第一阶段：对所有的商品单元条形码化，利用 EDI 传输订购单文档和发票文档。

第二阶段：在上一阶段基础上增加与内部业务处理有关的功能，如自动补货与商品即时出售等，利用 EDl 传输更多的报文，如收、发货通知报文。

第三阶段：升级 QR 策略，对客户的需求做出快速反应。这一阶段要求每个企业必须把自己当成集成供应链系统的一个组成部分，以保证整个供应链的整体效益。

第四阶段：零售商利用电子支付手段向供应商支付货款，同时零售商只需把预先发货清单资料与商品销售资料进行比较，便可以迅速了解商品库存信息。

2. QR 成功实施的条件

（1）改变传统的经营方式，革新企业的经营意识与组织，树立建立伙伴关系的理念。

（2）开发与运用现代信息技术。例如：商品条形码技术、电子订货系统（EOS）、POS 数据读取系统、EQI 系统、电子支付系统（EFT）、生产厂家管理的库存方式（VMI）、连续补充存货方式（CRP）等。

（3）与供应链各方建立战略合作伙伴关系。

（4）改变对商业信息保密的传统做法，与合作伙伴交流分享库存信息、销售信息、生产信息、成本信息等。

（5）供应方必须缩短生产周期与减少商品库存，进行多品种小批量生产、多频度小数量配送以减少库存。

（二）有效客户反应

有效客户反应（effective customer response，ECR）指的是以满足客户要求，最大限度降低物流过程费用为原则，能及时做出迅速、准确的反应，使提供的物品供应或服务流程最佳化而组成的协作系统。

ECR 的含义，可以从以下三方面得到完整体现：

E（effective）所体现的是效率化；

C（customer）所体现的是以消费者利益为核心；

R（response）所体现的是以整个供应链为目标。

ECR 的优点在于供应链各方为了提高消费者满意度这个共同的目标进行合作，分享信息和诀窍。ECR 是一种把以前处于分离状态的供应链联系在一起来满足消费者需要的工具。

1. 实施 ECR 的四大要素

（1）有效的新产品引进。有效的新产品引进策略将零售商与生产企业基于双方共同的利益而紧密联系在一起，通过各种途径使顾客尽早接触到新产品，并由零售商将顾客的反馈意见及时传递到生产企业，迅速调整产品的生产计划，以降低成本。

（2）有效的促销。有效的促销主要是简化贸易关系，将经营的重点从采购转移到销售，提高仓储、运输、管理和生产的效率。

（3）有效的店内布局。有效的店内布局的目的是通过有效地利用店铺的空间布局来最大限度地提高商品的获利能力。

（4）有效的补货。有效的补货可以降低系统的成本，从而降低商品的售价，其目的是将正确的产品在正确的时间和正确的地点以正确的数量和最有效的方式送达消费者。

ECR 在供应链上实施，可以减少整个系统多余的活动，节约相应的成本和费用。

欧洲供应链管理系统的报告显示，共调查 392 家公司，其中制造商使用 ECR 后，预期销售额增加 3.5%，制造费用减少 2.3%，销售费用减少 1.1%，货仓费用减少 1.3%，总盈利增加 5.5%。而批发商及零售商也有相似的获益，具体为：销售额增加 5.4%，毛利增加 3.4%，货仓费用减少 5.9%，货仓存货量减少 13.1%，每平方米的销售额增加 5.3%。

2. ECR 系统的构成

ECR 作为一个供应链管理系统，需要把营销技术、物流技术、信息技术和组织革新技术有机结合起来作为一个整体使用，以实现 ECR 的目标

（见图 7-2）。

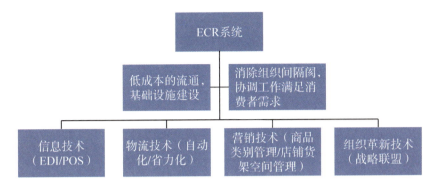

图 7-2　ECR 系统

（三）协同式供应链管理

协同式供应链管理，即生产商和销售商等供应链成员之间协同计划、预测和补货（collaborative planning forecasting & replenishment，CPFR），是从供应链全局出发，通过成员之间的广泛深入的供应链全过程合作，在共享信息和共同预测的基础上，共同计划和管理业务，在降低库存的同时增加销售量，真正实现共赢，是最先进的高效率供应链管理方法。

CPFR 有如下特点：

（1）协同。CPFR 要求双方长期承诺公开沟通、信息分享，从而确立其协同性的经营战略。

（2）规划。CPFR 要求有合作规划（品类、品牌、分类、关键品种等）以及合作财务（销量、订单满足率、定价、库存、安全库存、毛利等）。此外，为了实现共同的目标还需要双方协同制订促销计划、库存政策变化计划、产品导入和中止计划以及仓储分类计划。

（3）预测。CPFR 强调买卖双方必须做出最终的协同预测，同时也强调双方都应参与预测反馈信息的处理和预测模型的制定和修正，特别是如何处理预测数据的波动等问题。最终实现协同促销计划是提高预测精度的关键。

（4）补货。销售预测必须利用时间序列预测和需求规划系统转化为订单预测，并且供应方约束条件，如订单处理周期、前置时间、订单最小量、商品单元以及零售方长期形成的购买习惯等都需要供应链各方加以协商解决。

思辨分析

牛鞭效应

"牛鞭效应"是经济学上的一个术语,指供应链上的一种需求变异放大现象,使信息流从最终客户端向原始供应商端传递时,无法有效地实现信息共享,使得信息扭曲而逐级放大,导致需求信息出现越来越大的波动,此信息扭曲的放大作用在图形上很像一个甩起的牛鞭,因此被形象地称为牛鞭效应,如图7-3所示。

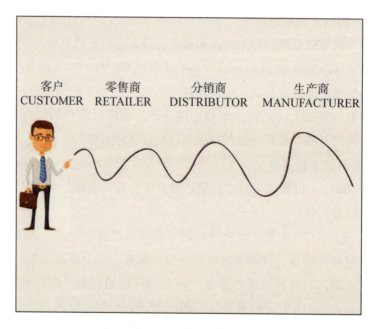

图 7-3   牛鞭效应示意图

"牛鞭效应"是市场营销中普遍存在的高风险现象,是销售商与供应商在需求预测修正、订货批量决策、价格波动、短缺博弈、库存责任失衡和应付环境变异等方面博弈的结果,增大了供应商的生产、供应、库存管理和市场营销的不稳定性。企业可以从七个方面规避或化解需求放大变异的影响:订货分级管理、加强出入库管理、缩短订货提前期、采用外包服务、避短缺情况下博弈行为、参考历史资料适当修正、提前回款期限。

产生"牛鞭效应"的原因主要有六个方面,即需求预测修正、订货批量决策、价格波动、短缺博弈、库存责任失衡和应付环境变异。需求预测修正是指当供应链的成员采用其直接的下游订货数据作为市场需求信息和依据时，就会产生需求放大。例如，在市场销售活动中，假如零售商的历史最高月销量为 1 000 件，但下月正逢重大节日，为了保证销售不断货，其会在月最高销量基础上再追加 A%，于是其向其上级批发商下订单（1+A%）1 000 件。批发商汇总该区域的销量预计后（假设）为 12 000 件，其为了保证零售商的需要又追加 B%，于是其向生产商下订单（1+B%）12 000 件。生产商为了保证批发商的需货，虽然生产商明知其中有夸大成分，但其并不知道具体情况，于是其不得不至少按（1+B%）12 000 件投产，并且为了稳妥起见，在考虑毁损、漏订等情况后，其又加量生产，这样一层一层地增加预订量，导致"牛鞭效应"。

资料来源：百度文库。

试分析：针对牛鞭效应产生的原因，企业应该从哪些方面着手消除牛鞭效应？应利用哪些信息技术手段来消除牛鞭效应？

任务三　供应链节点企业绩效评价

一、供应链结点企业绩效评价概述

供应链管理通常是将供应链结点企业作为评价主体进行评价，而不是单指一个企业的评价。企业绩效评价主要针对单个企业，评价对象是企业内部的职能部门或者职员。而根据供应链管理运行机制的基本特征和目标，供应链企业绩效评价指标应该能够恰当地反映供应链整体运营状况以及上下节点企业之间的运营关系，而不是孤立地评价某一供应商的运营情况，评价供应链运营绩效的指标，不仅要评价该节点企业的运营绩效，而且要考虑该节点企业的运营绩效对其上层节点企业或整个供应链的影响。总之，供应链绩效评价的特点突出表现为基于业务流程而进行绩效评价。

二、供应链节点企业绩效评价的原则

供应链绩效评价是一项复杂的系统工程，涉及供应链上的每一个企业，包括这些企业之间，以及这些企业内部各要素之间错综复杂的影响关系。因此，要对供应链绩效做出客观、公正、科学、合理的评价，必须遵循以下六个原则：

（一）物流与供应链绩效优先，兼顾企业绩效原则

为防止供应链上某些企业利用自身的有利地位（如在买方市场下，零

售商比制造商具有更多的选择权力）滥施权力的现象，在绩效评价中大力倡导物流与供应链绩效优先，同时兼顾供应链中各企业绩效的原则。

（二）多层次、多渠道和全方位评价原则

在实践中，经常综合运用上级考核、专家评价、同级评价、下级评价、职员评价、客户评价等多种形式，进行多层次、多渠道和全方位的评价。

（三）短期绩效与长期绩效、近期绩效与远期绩效相结合原则

将短期绩效与长期绩效、近期绩效与远期绩效正确地结合起来，有助于企业提高自觉性，减少盲从性，使物流与供应链管理水平稳步提高，有助于企业对社会资源的生产、流通、分配和消费活动做出更大的贡献。

（四）静态评价与动态评价相结合原则

在绩效评价过程中，不仅要对影响物流与供应链绩效的各种内部因素进行静态考察和分析评价，而且要动态地研究这些因素之间以及这些因素与外部因素之间的相互影响关系。在相对稳定的基础上应用动态和发展的观念对供应链进行绩效评价。

（五）宏观绩效与微观绩效相结合原则

宏观绩效是供应链管理活动从全社会角度来考察时的总绩效；微观绩效是供应链管理活动从企业与供应链系统本身的角度来考察时的绩效。微观绩效是宏观绩效的基础，离开了微观绩效，宏观绩效就要落空；宏观绩效对微观绩效起着导向作用，微观绩效只有在符合宏观绩效的前提下，才能得到有效的发挥。

（六）责、权、利相结合原则

在绩效评价中，应当本着责、权、利相结合的原则，谨慎处理，应当及时地将评价结果落实到个体，分清责任归属和权利范围，做到责、权、利明晰，赏罚分明。否则就可能破坏供应链上下游企业间的战略合作伙伴关系，阻碍供应链竞争战略目标的实现。

三、供应链节点企业绩效评价的方法

（一）标杆管理法

标杆管理法是美国施乐公司提出的。其实施要求为：以那些出类拔萃的企业为基准，将本企业的产品、服务和管理措施等方面的实际状况与这些基准进行定量评价和比较，分析这些基准企业的绩效达到优秀水平的原因，在此基础上选取改进的最优策略。

1. 标杆管理法的实施过程（表7-2）

企业实施标杆管理的基本程序为

（1）掌握本企业在经营中需要解决的问题，制定工作计划，建立绩效评价指标。

（2）调查同行业中领先企业或竞争对手的绩效水平，掌握其关键性优势。

（3）调查这些领先企业的最佳实践，即了解这些企业获取优秀绩效的原因，并树立目标努力仿效。

表 7-2　标杆管理法

阶段	工作内容
1. 计划	确定任务、产品、职能 确定实施标杆的目标 确定对数据和信息的要求
2. 分析	怎样使标杆的目标更好 怎样把标杆企业的做法用于供应链节点企业 确定未来的趋势和绩效水平
3. 整合	主要负责人交换标杆实施中的情况 建立运作层的工作目标和具体的职能目标
4. 行动	确定具体行动负责人 制订一套对标杆计划和目标进行评审和修改的程序 建立标杆进程的沟通机制
5. 正常运作	在供应链各企业中继续坚持标杆活动 坚持绩效的持续改进

标杆管理法的工作流程如图7-4所示。

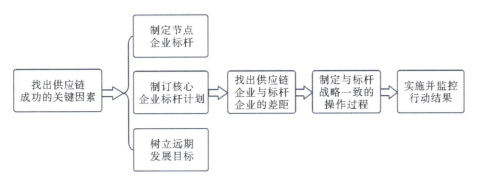

图 7-4　标杆管理法的工作流程

2. 标杆管理法的作用

（1）帮助企业辨别最优秀企业及其优秀的管理功能，并将之吸收到企业的经营计划中来，以通过标杆活动改进工作绩效。

（2）管理者通过对比外界的状况，找出本企业深层次的问题和矛盾，克服阻碍企业进步的顽疾。

（3）实施标杆管理法还是一种市场信息的来源，可以通过实施标杆法发现过去没有意识到的技术或管理上的突破。最后通过标杆的实施过程使得企业间各个部门的结合更加紧密。

（二）平衡计分卡法

平衡计分卡（the balanced score card，BSC），就是根据企业组织的战略要求而精心设计的指标体系。平衡计分卡是一种绩效管理的工具。它将企业战略目标逐层分解转化为各种具体的相互平衡的绩效考核指标体系，并对这些指标的实现状况进行不同时段的考核，从而为企业战略目标的完成打下可靠的执行基础。平衡计分卡法打破了传统的只注重财务指标的业绩管理方法，而认为组织应从四个角度审视自身业绩：创新与学习、业务流程、客户、财务。它综合财务、非财务衡量方法之间的平衡，长期目标与短期目标之间的平衡，外部和内部的平衡，结果和过程的平衡，管理业绩和经营业绩的平衡等多个方面，从而能反映组织的综合经营状况，使业绩评价趋于平衡和完善，有利于组织长期发展。

平衡计分卡法的基本原理和流程如下：

（1）以组织的共同愿景与战略为内核，依据组织结构，将公司的愿景与战略转化为下属各责任部门在财务、客户、内部流程、创新与学习四个方面的一系列具体目标（成功的因素），并设置相应的四张计分卡。

（2）依据各责任部门分别在财务、客户、内部流程、创新与学习四种计量可具体操作的目标，设置一一对应的绩效评价指标体系，这些指标不仅与公司战略目标高度相关，而且是以先行与滞后两种形式，同时兼顾和平衡公司长期和短期目标、内部与外部利益，综合反映战略管理绩效的财务与非财务信息。平衡计分卡法原理与流程如图7-4所示。

（3）由各主管部门与责任部门共同商定各项指标的具体评分规则。一般是将各项指标的预算值与实际值进行比较，对应不同范围的差异率，设定不同的评分值。以综合评分的形式，定期（通常是一个季度）考核各责任部门在财务、客户、内部流程、创新与学习四个方面的目标执行情况，及时反馈，适时调整战略偏差，或修正原定目标和评价指标，确保公司战略得以顺利与正确地施行。

在平衡的思想前提下，必须加强信息流、物流以及资金流的顺畅度，简化供应链决策过程，试图在供应链的平台下建立有效的协同计划，减少非增值活动，重点在于建立和维持强有力的供应链伙伴关系，供应商不再只是机械地适应买方的要求，而是具有互动的供应链战略关系。客户方面的影响已经深入管理的内核，必须在集成的基础上将客户的要求反映到管理的各个层面，这样客户源才能不断地扩大。

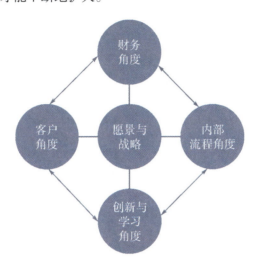

图7-4 平衡计分卡法原理与流程

思辨分析

案例分析：美孚石油公司的标杆学习

1992年年初，美孚石油公司组建了以速度（经营）、微笑（客户服务）、安抚（客户忠诚度）命名的三个标杆学习小组，以期通过向标杆企业学习最佳管理模式，努力使客户体会到加油也是愉快的体验。

（一）成立速度学习小组

成立速度学习小组仔细观察潘斯克如何为通过快速通道的赛车加油：这个团队身着统一的制服，分工细致，配合默契。同时，潘斯克的成功部分归于电子头套耳机的使用，它使每个小组成员能及时地与同事联系。

（二）成立微笑学习小组

微笑学习小组仔细研究丽嘉-卡尔顿宾馆的各个服务环节，以找出该宾馆是如何获得不寻常的顾客满意度的。结果发现卡尔顿的员工都深深地铭记：自己的使命就是照顾客人，使客人舒适。微笑学习小组认为，美孚石油公司同样可以通过各种培训，建立员工导向的价值观，来实现自己的目标。

（三）成立安抚学习小组

安抚学习小组到"家居仓储"去查明该店为何有如此多的回头客。在这里他们了解到：公司中最重要的人是直接与客户打交道的人，没有致力于工作的员工，就不可能得到终身客户。这意味着企业要把时间和精力投入如何招聘和训练员工上。调查改变了美孚公司的观念，使领导者认为自己的角色就是支持一线员工，让他们把出色的服务和微笑传递给客户，传递到公司以外。

资料来源：百度文库。

试分析：美孚石油公司实施标杆管理法体现了哪些优点和缺点？这个案例给我们的启示是什么？

思辨分析

沃尔玛（Wal-Mart）把零售店商品的进货和库存管理的职能转移给供应方（生产厂家），由生产厂家对 Wal-Mart 的流通库存进行管理和控制，即 VMI。Wal-Mart 让供应方与之共同管理营运 Wal-Mart 的流通中心。在流通中心保管的商品所有权属于供应方。供应方对 POS 信息和 ASN 信息进行分析，把握商品的销售和 Wal-Mart 的库存方向。在此基础上，决定什么时间、把什么类型商品、以什么方式向什么店铺发货。发货的信息预先以 ASN 形式传送给 Wal-Mart，以多频度小数量进行连续库存补充，即采用连续补充库存计划（continuous replenishment program，CRP）。由于采用 VMI 和 CRP，供应方不仅能减少本企业的库存，而且能减少 Wal-Mart 的库存，实现整个供应链的库存水平最小化。另外，对 Wal-Mart 来说，其省去了商品进货的业务，节约了成本，同时能将精力集中于销售活动。并且事先能得知供应方的商品促销计划和商品生产计划，能够以较低的价格进货，提高客户响应时间，这些为 Wal-Mart 进行价格竞争提供了条件。

资料来源：百度文库。

试分析：什么是供应链？企业为什么要进行供应链管理？

参考文献

[1] 杨穗萍. 现代物流基础 [M]. 2 版. 北京：高等教育出版社，2010.

[2] 彭麟. 现代物流基础 [M]. 2 版. 北京：机械工业出版社，2010.

[3] 郑彬. 现代物流基础 [M]. 北京：中国财政经济出版社，2007.

[4] 毛艳丽. 物流基础 [M]. 北京：高等教育出版社，2015.

[5] 李洪奎，孙明贺. 国际货运代理 [M]. 北京：高等教育出版社，2010.

[6] 毛宁莉. 走进物流 [M]. 北京：机械工业出版社，2011.

[7] 李举毅. 走近物流 [M]. 北京：化学工业出版社，2010.

[8] 闵亨锋. 国际货代实务 [M]. 北京：高等教育出版社，2013.

[9] 邹桂元. 现代物流基础 [M]. 保定：河北大学出版社，2010.

[10] 李如姣. 运输作业实务 [M]. 北京：高等教育出版社，2013.

[11] 王爱霞. 货物运输实务 [M]. 北京：高等教育出版社，2013.

[12] 龙桂先. 国际物流与货运代理实务 [M]. 北京：机械工业出版社，2009.